Josef Pichler

Gott einatmen

Josef Pichler

Gott einatmen

Eine Schule des Gebets

Herder
Freiburg · Basel · Wien

Titel der Originalausgabe
House of Prayer
erschienen 1991 bei HarperCollinsPublishers Ltd.;

Aus dem Englischen übersetzt von
BARBARA KINZNER

Satz: Barbara Herrmann, Freiburg
Belichtung: Johannes Schimann, Ingolstadt
Druck und Bindung:
Freiburger Graphische Betriebe 1995
Gedruckt auf umweltfreundlichem,
chlorfrei gebleichtem Papier
ISBN 3-451-23568-4

Inhalt

Vorwort 7
Einführung 11
Über das Beten 15

Erstes Kapitel
Einige praktische Hinweise

Hinführung 19
Übungen 24

Zweites Kapitel
Beten heißt einfach dasein

Hinführung 31
Übungen 37

Drittes Kapitel
Beten im Einklang mit dem Atem

Hinführung 45
Übungen 51

Viertes Kapitel
Ein-Wort-Gebet

Hinführung 67
Übungen 69

Fünftes Kapitel
Das Gebet und die Vorstellungskraft

Hinführung 77
Übungen 85

Sechstes Kapitel
Gott im Herzen hören

Hinführung 107
Übungen 110

Siebtes Kapitel
Gebet und Berührung

Hinführung 121
Übungen 125

Achtes Kapitel
Beten und Sehen

Hinführung 137
Übungen 141

Neuntes Kapitel
Beten mit der Heiligen Schrift

Hinführung 151
Übungen 157

Schlußwort 171

Vorwort

Eines der erstaunlichsten Gesetze des Universums ist der unbeugsame Drang zur zielgerichteten Entwicklung. Das heißt, alles, was geschaffen ist, wird getrieben von einem unaufhörlichen Drang zur Vervollkommnung. Dieses Gesetz gilt nicht nur für die unbelebte Natur, es gilt im besonderen Maße für den Menschen. Er ist bestimmt zur Vervollkommmung, im körperlichen, im geistigen und im religiösen Bereich. Höchste Vollendung ist die Vereinigung mit Gott. „Seid vollkommen, wie euer Vater im Himmel ist", sagt Jesus. Und der Dichter Rückert verdeutlicht: In jedem Menschen steht ein Bild, des was er werden soll, so lang er das nicht ist, ist nicht sein Friede voll.

Entwicklung, Entfaltung bis zur höchsten Vollendung heißt also der Auftrag an den Menschen. Vollkommen sein, das heißt: seine ihm gegebenen Anlagen, Fähigkeiten, Möglichkeiten entwickeln, die Fehlerquellen und Hindernisse ausschalten, in das Reich des Geistigen und Geistlichen, des inneren Menschen eindringen. Religiös ausgedrückt heißt das: das Bild, den Gedanken, den Entwurf, den Gott von jedem Menschen hat, stetig zu verwirklichen, sich der Liebe Gottes ausliefern und Gott durch sich selbst in diese Welt hinein wirken lassen.

Dieses Ziel ist hochgesteckt, der Weg mühsam und gefährlich. Darum bedarf der Mensch der Hilfe, der Begleitung, der Führung. Und das ist das Ziel und der Inhalt dieses Buches. Es gibt sicher sehr viele, sehr gescheite, sehr erprobte Führer und Bücher, die sich anbieten. Hier spricht ein Begleiter des geistig-geistlichen Lebens aufgrund persönlicher Erfahrung. Der Autor war über 20 Jahre Missionar im Südosten Asiens, hat also die Weisheit der östlichen Kultur und Religion nicht nur studieren, sondern erfahren können. Danach war er elf Jahre Leiter eines Hauses der Stille in England, konnte also Ost und West miteinander vergleichen, verbinden. Eine faszinierende Kombination: asiatische Lebensweise und westliche Lebenspraxis.

Zum besseren Verständnis und zum fruchtbaren Gebrauch scheinen folgende Hinweise hilfreich:

1. Es geht in diesem Buch nicht um eine wissenschaftliche, theoretische Untersuchung über den Weg der Vollkommenheit, sondern um eine fundierte praktische Anleitung. Das heißt nicht, daß nicht solide Grundlage und erprobte Erkenntnis geboten wird. Unser Seelenleben ist ungemein kompliziert, der Weg zur Entwicklung lang und beschwerlich, der Umwandlungsprozeß des Menschen recht mühsam. Es bedarf dringend der Vorsicht, Umsicht und Führung durch den Meister.
2. Voraussetzung für den sinnvollen Gebrauch dieses Buches ist, daß der Leser, besser gesagt, der Benutzer, sich einläßt in die Welt des Glaubens ohne Wenn und Aber, ohne Bedingung und Vorbehalt. Der Inhalt ist: das Angebot Gottes, wie es uns durch Jesus Christus zukommt und seine Anwendung auf uns. Hier wird nicht geforscht, hier wird geglaubt und gelebt. Erst so ist Wachstum im Geiste möglich.
3. Daraus folgt: Dieses Buch kann man nicht lesen, man muß es tun. Die Schritte sind immer gleich: zuerst Sammlung und Einstimmung durch eine er-

probte Konzentrationsmethode, dann Einstieg und Überleitung in den religiösen Inhalt.

Man kann es wagen, zu behaupten: Wer dieses Buch mit Konsequenz und Gelehrigkeit lesen und das Angebotene annehmen wird, der hat hier eine Schule zur Vollkommenheit.

Dem Autor sei herzlich gedankt für dieses Werk, dem Benützer sei viel Erfolg gewünscht.

Pfarrer J. Moosbrugger

Einführung

Den Wert des kontemplativen, das heißt, des betrachtenden Gebetes entdeckte ich durch ein Erlebnis aus meiner Studienzeit in Mill Hill. Wir gingen gewöhnlich in Dreier- oder Vierergruppen aus, und einmal schloß ich mich einer Gruppe an, die in eine Gemäldegalerie wollte. In der Galerie schritt ich durch alle Ausstellungsräume hindurch, schaute nach links und rechts und hielt erst an, als ich alle Räume gesehen hatte. Ich sah die meisten der ausgestellten Bilder, aber natürlich nur sehr flüchtig. Als ich jedoch dorthin zurückkehrte, wo wir begonnen hatten, stand einer meiner Kameraden immer noch vor dem ersten Bild, und die anderen waren erst bis zum vierten oder fünften gekommen. Was war geschehen? Sie nahmen wirklich jedes einzelne Bild in ihr Herz auf. Sie betrachteten es ganz intensiv und achteten auf das kleinste Detail. Sie gingen ein auf die Gedanken des Künstlers und entdeckten schließlich die Botschaft, die das Bild zum Ausdruck brachte. Ich hingegen hatte zwar viele Bilder gesehen, doch recht wenig Nutzen daraus gezogen.

Ein ähnliches Verhaltensmuster entdeckte ich dann in meinen Betrachtungen der Natur und in meinen Reisen. Ich sah all die Schönheit in Gottes Natur, Berge, Täler und Flüsse. Ich bemerkte zwar die unendliche Vielfalt der Blumen, auch die kleinsten sah ich noch, ebenso die Vögel und Tiere. Aber ich nahm kaum einmal eine Blume in die Hand, um die Zartheit der Blütenblätter zu fühlen, um mich an ihrem Duft zu freuen oder einfach die Schönheit der Blüte zu bewundern und mich tief innen von ihr berühren zu lassen. Im Laufe der Zeit habe ich versucht, dieses Verhalten zu ändern, und langsam gelingt es mir ein wenig besser.

Wenn wir beten, befinden wir uns in einer wunderbaren Kunstgalerie, der Galerie unseres Herzens. Jesus sagt: „Wenn du betest, geh in deine Kammer und schließ die Türe zu; dann bete zu deinem Vater, der im Verborgenen ist" (Matthäus 6,6). Diese Kunstgalerie ist etwas besonderes, denn da können wir vollkommen allein sein mit Gott. Dort finden wir ihn, und dort finden wir auch viele Bilder aus dem Leben Jesu ausgestellt, obwohl wir sie nicht immer sehen. Das Wichtigste ist, nicht zu viele Bilder sehen zu wollen, sondern sich auf eines zu konzentrieren und mit diesem einen so viel Zeit wie möglich zu verbringen. Schauen Sie das ganze Bild an, betrachten Sie es von verschiedenen Seiten, freuen Sie sich daran, lieben Sie es, nehmen Sie das Bild ganz in sich auf und werden Sie ein Teil davon.

Um das zu erreichen, brauchen wir natürlich genügend Zeit für uns selbst und müssen innerlich frei sein von Druck und Belastungen. Wir müssen versuchen, uns zu entspannen und ganz ruhig zu werden. Große Pläne und Erwartungen stören uns nur. Geben wir uns zufrieden damit, daß wir nur ein Bild betrachten, ein Geheimnis unseres Glaubens, so lange wie möglich. Das meinen wir mit betrachtendem Gebet. Diese Art des Gebetes kann uns wirklich verändern, wenn es uns gelingt, es regelmäßig zu praktizieren und uns nicht durch Momente des Zweifels, die wir alle von Zeit zu Zeit erfahren können, davon abbringen lassen. Denn sind wir nicht dazu bestimmt, wie Christus zu werden? Christus ist das Bild, wir sind sein Ebenbild.

Obwohl sich mein Verhalten in Kunstgalerien all die Jahre über im großen und ganzen nicht geändert hat, gelingt es mir jetzt immer besser, manchmal innerlich lange Zeit vor einem einzigen Bild zu verweilen. Auch in Zeiten der Niedergeschlagenheit und der inneren Leere kann ich immer noch Jesus, „meine Mutter, meinen Bruder, meinen Retter" (Juliana von Norwich) betrachten. Mit etwas Einsatz können auch Sie dieses Ziel erreichen und zugleich Ihr Gebetsleben vertiefen und bereichern.

Über das Beten

Bevor ich bete versuche ich stets, mich in die Gegenwart Gottes zu versetzen, das heißt ich versuche, mir die Gegenwart Gottes zu Bewußtsein kommen zu lassen. Ich weiß, daß er überall zugegen ist, denn Gott ist in allen Dingen, und alle Dinge sind in ihm. Auf eine besondere Art ist er in mir gegenwärtig, in meinem Herzen, wie er in jedem Menschen gegenwärtig ist, der sich ihm öffnet. Die Mystikerin Juliana von Norwich sagt: „Gott hat sich in meinem Herzen einen Ruheplatz, eine glorreiche Stadt geschaffen, einen Thron, von dem er sich nie erheben und den er nie verlassen wird." Daher müssen wir uns zum Gebet nirgendwo anders hinbegeben als in unser eigenes Herz.

Für mich bedeutet beten, einfach beim Herrn zu sein. Ich weiß, daß er mich unsagbar liebt.

Da ich nicht weiß, wie ich beten soll, beginne ich mein Gebet stets damit, daß ich den Heiligen Geist anrufe und ihn bitte, das Beten in mir zu übernehmen. Der Heilige Geist betet ohne Worte, und ich kann mich entspannen und die Dinge geschehen lassen, mein Gebet ganz so sein lassen, wie es der Heilige Geist will.

Im Laufe der Jahre habe ich gelernt, daß wir auf vielfältige Weise im Gebet bei Gott sein können. Der Heilige Geist ist wirklich genial. Er kennt unsere Gefühle und unsere Bedürfnisse und hilft uns, auf die verschiedenste Art und Weise Gottes Gegenwart zu spüren und mit ihm zu sprechen. Das gilt für uns alle, ob wir Neulinge im Gebet oder bereits erfahrene Beter sind.

Das Wichtigste ist immer, zuerst still zu werden und

zu horchen. Gott ist immer der erste im Gebet. Er spricht zu uns, er berührt und bewegt uns. Danach können wir auf viele verschiedene Arten antworten, so wie der Heilige Geist es uns eingibt und wie er uns führt.

So wähle ich mir etwa ein Wort oder eine Szene aus der Bibel, nehme es auf in mein Herz und verbleibe dabei, betrachte es und koste es aus. Das kann lange Zeit so weitergehen. Oder vielleicht möchte ich die Anwesenheit Gottes erleben und mich durch meine innere Fähigkeit des Sehens, Hörens, Tastens und Redens daran freuen.

Diese wunderbaren Fähigkeiten, die wir in unseren Sinnen besitzen, können sehr gut im Gebet eingesetzt werden. Durch unsere Vorstellungskraft können wir den Herrn wirklich sehen, hören, spüren und mit ihm reden. Aber wir können auch nur durch unser Atmen mit ihm sprechen. Oder wir mögen es vorziehen, Gott in absoluter Stille zu treffen, ganz einfach bei ihm zu sein und gar nichts zu tun. Es gibt zahlreiche Wege, um bei Gott zu sein, bei ihm, der uns so sehr liebt und dem wir unsere Liebe zurückgeben wollen, wie zwei Liebende, die immer neue Formen des Zusammenseins entdecken.

Natürlich erfährt man dabei viele Herausforderungen. Man lebt nicht ständig im siebten Himmel; oft trifft sogar das Gegenteil zu. Nicht selten verspüre ich etwas wie eine Mauer, eine Finsternis, eine Leere, oder sehe sogar ein bösartiges Bild vor mir, das mir selbst den Zugang zur Gegenwart Gottes verbaut. Doch ich weiß und glaube fest daran, daß Gott da ist, in der Tiefe meines Seins, dort, in meinem Mittelpunkt und an meinem Ursprung. Darum versuche ich, das Hindernis, was auch immer es sein mag, durch die „Kraft der sehnsuchtsvollen Liebe“ zu überwinden. Juliana von Norwich sagt: „Die Seele kann nichts anderes tun als suchen, leiden und vertrauen … die wahre Suche im Glauben, in der Hoffnung und in der Liebe gefällt dem Herrn, und das Finden beglückt die Seele und erfüllt sie mit Freude. Und es ist sein Wille, daß wir ihn suchen, bis wir ihn erblicken." Das heißt, daß sogar unsere Schwierigkeiten im Gebet uns näher zu Gott bringen, auch wenn es von Zeit zu Zeit auf den ersten Blick nicht so aussehen mag.

Dieses Buch, das aus langjähriger praktischer Erfahrung heraus entstanden ist, soll es Ihnen durch eine Reihe nützlicher Vorschläge erleichtern, Gottes Gegenwart zu entdecken und auf persönlicher Ebene mit ihm zu sprechen. Die meisten der Gebetsübungen habe ich selbst mit der Gebetsgruppe im „House of Prayer" in Durham ausprobiert. Es handelt sich dabei durchweg um Beispiele, wie wir die religiösen Begriffe und Bilder unserer christlichen Tradition einsetzen und anwenden können.

Die Übungen sollen Sie in erster Linie ermutigen, anregen und inspirieren, aber sie sind auf keinen Fall dazu da, um sklavisch befolgt zu werden. Ihre persönlichen Bedürfnisse unterliegen ebenso wie Ihre Stimmung ständigem Wechsel, doch ich hoffe, daß Sie in der einen oder anderen hier beschriebenen Gebetsweise für sich etwas Wertvolles entdekken können, etwas wie ein Weizenkorn, das Sie in ruhiger Betrachtung zu Ihnen sprechen, Sie berühren und verwandeln lassen.

Am besten geschieht das in Harmonie mit dem Atem. Doch wird man zu Anfang eher einen längeren Text zum Meditieren vorziehen oder sogar brauchen, erst mit der Zeit bedarf es immer weniger an Text, bis schließlich ein Wort oder Gedanke genügt. Möglicherweise gewährt uns Gott überdies, ihn unmittelbar zu schauen, wobei dann nichts anderes mehr notwendig ist als die vollkommene Zufriedenheit des Betenden, weil er ihm nahe sein darf. In dieser schlichten Nähe und dem absoluten Einssein mit Gott entdecken wir, daß wir alle Brüder und Schwestern, daß wir alle miteinander verbunden sind, und daß wir darüber hinaus eins sind mit der gesamten Schöpfung. Die in uns lebendige Allmacht Gottes, der Heilige Geist, wird uns verwandeln. Deshalb können wir von jenen, die aufrichtig beten, sagen: „Ihr seid das Licht der Welt" (Matthäus 5,14).

Zum Aufbau diese Buches sollte gesagt werden, daß die Folge der Kapitel bei der Lektüre nicht unbedingt eingehalten werden muß. Die Abschnitte sind alle in sich abgeschlossen. Auch die Reihenfolge der Meditationen in den einzelnen Kapiteln ist nicht von Bedeutung. Ihnen steht es somit völlig frei, wo Sie zu lesen anfangen und aufhören wollen. Es ist aber vielleicht doch von Vorteil, wenn Sie zuerst einmal das ganze Buch durchgehen und dann jenes Kapitel und jene Meditation auswählen, die Ihnen besonders zusagt.

Möge nun der Heilige Geist Sie führen und Ihnen helfen, durch dieses Buch in ein tieferes Gebetsleben hineinzuwachsen und Ihr gesamtes Leben immer mehr auf Gott auszurichten.

Zum Abschluß dieser einführenden Worte möchte ich meinen aufrichtigen Dank all jenen zum Ausdruck bringen, die auf die eine oder andere Weise zur Entstehung diese Buches beigetragen haben. Es sind zu viele, um sie hier alle einzeln aufzuführen.

Joseph Pichler

Erstes Kapitel

Einige praktische Hinweise

HINFÜHRUNG

Alleinsein und Schweigen

Wenn wir nicht lernen, vor Gott zu schweigen, werden wir im Gebet keine großen Fortschritte machen können. Der Grund hierfür liegt darin, daß Gott meist nur dann direkt zu uns spricht, wenn wir still sind. Aber das Schweigen ist schwierig, während es um vieles leichter ist, einfach nur zu Gott zu sprechen. Sprechen wir jedoch zu Gott, ohne zuerst still geworden zu sein, ist die Wahrscheinlichkeit groß, daß wir am Ende ein reines Selbstgespräch führen und auf keine Weise mit Gott in Verbindung treten. Wir sollten daher unser Beten nicht mit einem „Gebet" einleiten. Allem Beten muß die Stille, das Schweigen vorausgehen, und dieses Schweigen muß uns ganz und gar erfassen – Geist, Seele, Körper. Sollten Spannungen vorhanden sein, müssen wir uns von ihnen befreien, obwohl dies zugegebenermaßen oft recht schwierig sein kann. Wenn es Ihnen hilft, setzen Sie sich oder legen Sie sich nieder, bis Sie vollkommen entspannt sind. Der Heilige Johannes vom Kreuz sagt: „Der Heilige Geist erleuchtet unseren Geist, wenn er sich sammelt, und er erleuchtet ihn so weit, daß er sich sammelt."

Doch wie können wir uns sammeln? Die heilige

Theresia von Avila sagt dazu: „Wir sollten uns einen ruhigen Platz suchen, niederknien, unsere Augen schließen, die Welt um uns vergessen und unseren inneren Blick auf Gott richten." Nicht immer ist es jedoch so einfach, denn das Leben der meisten Menschen ist geprägt von der täglichen Hektik und den täglichen Sorgen. Darum brauchen wir ein paar wirksame Methoden. Das hier sind einige Vorschläge:

- Suchen Sie sich einen ruhigen Platz. Im Idealfall herrscht dort vollkommene Lautlosigkeit, doch müssen wir auch lernen, mit Geräuschen zu leben und trotz mangelnder Stille zu beten.
- Wählen Sie einen abgeschiedenen Ort, vielleicht vor einem Kreuz in einer stillen Kirche oder in einem ruhigen Raum, oder ein friedliches Plätzchen im Freien.
- Versuchen Sie, eine besinnliche Atmosphäre herzustellen, etwa durch gedämpftes Licht, eine brennende Kerze, geschlossene Vorhänge und leise, meditative Musik.

Haltung

Was uns die moderne Psychologie lehrt, bestimmt das Leben der Menschen des Ostens bereits seit urdenklichen Zeiten. Alle unsere Tätigkeiten sind stets ganzheitlich zu sehen, das heißt, der ganze Mensch ist miteinbezogen. Die Körperhaltung ist ebenso ein Ausdruck des Gebets wie eine intensive innere Einstellung. Darum wird eine Körperhaltung, die das Beten leichter macht, zu einer wahren Atmosphäre des Gebetes beitragen.

Welche Körperhaltung sollen wir einnehmen? Vieles ist möglich. Das Knien ist ein Ausdruck der Anbetung, doch erschwert es uns, auf Dauer Ruhe zu finden. Manche bevorzugen es, sich kniend auf ihre Fersen zu setzen oder auf einem niedrigen Hocker eine Art kniende Sitzhaltung einzunehmen. Wir können aber auch im Stehen oder im langsamen Spazieren beten und meditieren, doch führt uns das in der Regel nicht ins tiefe, verinnerlichte Gebet.

Wahrscheinlich ist die folgende Haltung für die meisten von uns die angenehmste und wohl auch praktischste: Setzen Sie sich auf einen Stuhl oder auf einen harten Hocker. Er sollte nicht zu hoch oder zu tief sein. Lehnen Sie sich nicht zurück, und wenn doch, dann halten Sie Ihren Rücken gerade. Die gerade, aber entspannte Rückenhaltung ist wichtig! Legen Sie Ihre Hände nach oben geöffnet auf ihre Oberschenkel, schließen Sie Mund und Augen. Geben Sie sich ganz der Ruhe hin. Natürlich muß diese Haltung, wie auch jede andere, eine bestimmte Zeit lang eingeübt werden, bis wir spüren, daß wir ruhig und bewegungslos ohne innere Spannung für längere Zeit in tiefem Schweigen verharren können. Nachdem wir eine bequeme Haltung gefunden haben, müssen wir uns entspannen. Denn erst wenn wir vollkommen still geworden sind, merken wir, wie angespannt und gequält wir wirklich sind. Es gibt unzählige Übungen, die uns helfen, uns zu entspannen. Einige davon werde ich Ihnen später erklären.

Atmung

Alle großen Meister des Gebetes kennen die Bedeutung des korrekten Atmens und empfehlen, im Rhythmus des Atems kurze Gebete zu sprechen. Der Einfluß einer korrekten Atemtechnik auf unser ganzes Sein wird heute besser verstanden als früher, und es wird allgemein mehr Wert auf das richtige Atmen gelegt. Die Bedeutung der Atemtechniken findet besonders in Geburtsvorbereitungskursen und im Sport eine hohe Wertschätzung, aber auch in der Ausbildung von Sängern und Musikern.

Gottes Gegenwart spüren

Der Zen-Buddhismus verlangt vom Betenden, daß er sich völlig dem „Nichts" hingibt und sein rationales Bewußtsein ausschaltet. Das soll bewirken, daß der Mensch sich vollkommen öffnet und empfänglich wird für die große Erleuchtung. Zwar können wir von dieser Methode sehr viel lernen, doch ist es für uns Christen wahrscheinlich besser, unseren eigenen großen Meistern und Gebetslehrern zu folgen. Diese großen Meister richten unsere Aufmerksamkeit stets auf das Bewußtsein der Gegenwart Gottes. Die Meister der Vergangenheit lehren uns, die äußere und innere Welt zu vergessen und uns auf die Gegenwart Gottes zu konzentrieren. Das Bewußtsein der Gegenwart Gottes ist der Schlüssel zum Gebet.

Sie fragen vielleicht: „Wo finde ich Gott? Wo kann ich seine Anwesenheit spüren? Ist er außerhalb von mir oder in mir?" Gott sagt: „Wenn ihr mich sucht, werdet ihr mich finden." Gott ist überall. Wir finden ihn in allem, was er geschaffen hat und auch in unseren eigenen Gedanken. Wir können uns in eine Bibelszene versetzen und sie mit ganzem Herzen nachvollziehen. Die Katholiken unter uns wissen, daß Gottes Gegenwart gerade vor dem Allerheiligsten Sakrament stark spürbar ist. Wenn wir mit Liebe und Glauben Gottes Wort in der Bibel lesen, können wir seine Stimme hören. Wenn wir uns in seinem Namen versammeln, fühlen wir seine Anwesenheit, und wenn wir einem Durstigen ein Glas Wasser reichen, erkennen wir Gott in dessen Angesicht. Es gibt also unzählige Wege und Weisen, um Gottes Gegenwart zu spüren. Der beste Weg ist jedoch, wenn wir uns bewußt werden, daß Gott in unseren Herzen ruht. Johannes vom Kreuz sagt: „Nirgends finden wir Gott schneller, sicherer und näher, und nirgends können wir uns seiner Gegenwart mehr erfreuen als in uns selbst."

Gebet zum Heiligen Geist

Wir wissen nicht, wie man betet. Wir sind hilflos, und alles, was wir tun oder sagen, ist unzureichend. Ohne den Heiligen Geist können unsere Gebete kaum Gebete genannt werden. Wenden wir uns deshalb vor allen unseren Gebeten an ihn und bitten wir ihn, uns zu führen und zu leiten. Er ist der Meister allen Gebetes. Wenn wir uns ihm und seiner Führung ganz überlassen, wird unser Gebet bestimmt ein gutes Gebet und ein Erfolg, auch wenn es uns recht nüchtern erscheint oder wir abgelenkt sind.

Ich werde im folgenden ein paar einfache praktische Übungen aufzeigen. Versuchen Sie, sich eine oder zwei davon anzugewöhnen, denn in den folgenden Kapiteln werde ich immer wieder vorschlagen, die eine oder andere Entspannungsübung zu machen, bevor Sie mit dem Beten beginnen.

ÜBUNGEN

Drei tiefe Atemzüge

- Nehmen Sie die Haltung ein, die Sie für sich als Gebetshaltung gewählt haben. Lassen Sie sich Zeit! Schließen Sie dann langsam Ihre Augen. (Das gilt für alle diese Übungen.)
- Atmen Sie alle Luft aus Ihren Lungen aus, indem Sie sanft den Magenbereich zusammenziehen. Wenden Sie keine Kraft auf; Sie sollten nur das Gefühl haben, alle alte Luft „ausgeleert" zu haben ...
- Atmen Sie tief ein. Dehnen Sie das Zwerchfell aus, und lassen Sie frische Luft in Ihre Lungen strömen. Halten Sie ganz kurz die Luft an – nur, um alles in Ihnen einen Moment lang still werden zu lassen, und um Ihr Blut Sauerstoff atmen zu lassen ...
- Lassen Sie nun wieder alle Luft aus Ihren Lungen heraus. Wiederholen Sie diese Übung einige Male.

Atmen und Schultern

- Atmen Sie langsam und tief ein, weiten Sie das Zwerchfell aus und ziehen Sie Ihre Schultern hoch so weit Sie können. Halten Sie kurz die Luft an ...
- Nun lassen Sie Ihre Schultern unvermittelt fallen und zugleich alle Luft durch den geöffneten Mund herausströmen ...
- Wiederholen Sie dies einige Male.

Kopfrollen

- Zeichnen Sie mit Ihrem Kopf einen großen Kreis nach – rollen Sie Ihren Kopf langsam, ganz langsam von links nach rechts ... Danach in die andere Richtung ...
- Drücken Sie sanft alle alte Luft aus Ihren Lungen heraus. Ziehen Sie dazu Ihr Zwerchfell im oberen Magenbereich zusammen. Während die Luft aus Ihnen herausströmt, lassen Sie Ihren Kopf nach vorn fallen. Entspannen Sie sich ...
- Füllen Sie nun Ihre Lungen mit frischer Luft, heben Sie den Kopf und lassen ihn nach hinten sinken. Entspannen Sie sich ...
- Wiederholen Sie diese Übung zwei-, dreimal.

Körperentspannung

- Richten Sie Ihre Aufmerksamkeit auf Ihren linken Fuß. Stellen Sie sich ihn vollkommen entspannt und ruhig vor. Spüren Sie, wie alle Spannung nachläßt ... Sobald der Fuß vollständig entspannt ist, gehen Sie in Gedanken weiter zum Knöchel, konzentrieren Sie sich darauf und spüren Sie, wie alle Spannung daraus entweicht ...
- Konzentrieren Sie sich dann auf den Unterschenkel und spüren Sie, wie er entspannt ist ... das Knie ... der Oberschenkel ...
- Dann der rechte Fuß ... Knöchel ...
- Unterschenkel ... Knie ... Oberschenkel ...

- In Gedanken gehen Sie weiter zu Ihren Hüften, dann zum Bauch mit allen inneren Organen …
- Entspannen Sie den Lendenbereich und arbeiten Sie sich den Rücken hinauf … bis zu den Schulterblättern, erst das linke, dann das rechte …
- Führen Sie Ihre Gedanken Ihren linken Arm entlang, bis vor zu den Fingerspitzen … dasselbe rechts …
- Richten Sie Ihre Aufmerksamkeit auf Ihren Hals. Lassen Sie ihn vollständig entspannen. Gehen Sie weiter zum Kiefer, der Zunge, dem Kehlkopf … Entspannen Sie Ihre Lippenmuskeln … den linken Wangenknochen … dann den rechten … Spüren Sie, wie jegliche Spannung aus den Muskeln um Ihren Augen schwindet … Entspannen Sie jeden Teil Ihres Gesichtes, Ihre Kopfhaut, die Muskeln des Hinterkopfes und spüren Sie, wie die Anspannung daraus entweicht.

Vollkommene Entspannung

- Stehen Sie auf und strecken Sie Ihren rechten Arm weit über Ihren Kopf hinaus – ein bißchen weiter, als Sie glauben, daß Sie es können … Stellen Sie sich vor, Sie strecken den Arm bis an die Decke … Halten Sie diesen Zustand der Dehnung einige Sekunden lang. Lassen Sie dann den Arm langsam sinken. Entspannen Sie ihn …
- Strecken Sie auf diese Weise dann den linken Arm.
- Lassen Sie dann Ihren Kopf nach vorn fallen, die Arme locker hängend, den Körper nach vorn gebeugt. Bleiben Sie in dieser Position, entspannen Sie sich völlig, lassen Sie sich einfach hängen …

- Richten Sie sich dann wieder auf. Stellen Sie Ihre Füße nebeneinander, und strecken Sie beide Arme in Schulterhöhe, und kreuzen Sie sie. Ohne die Füße zu bewegen, drehen Sie Ihren Oberkörper langsam nach rechts, so weit sie können. Und ein klein wenig weiter ... Halten Sie diese Dehnposition für wenige Sekunden, und drehen Sie sich dann langsam zurück in Ihre Ausgangsstellung. Wiederholen Sie dieselbe Übung auf der linken Seite, dann lassen Sie Ihre Arme sinken. Sie fühlen die Entspannung durch Ihren ganzen Körper hindurch ...

Atemzüge zählen

a) 1. Atmen Sie ein – und atmen Sie aus auf eins.
   2. Atmen Sie ein – atmen Sie aus auf zwei.
   3. Atmen Sie ein – atmen Sie aus auf drei.
   4. Atmen Sie ein – atmen Sie aus auf vier.

b) Wenn Sie die Übung kennen, atmen Sie langsam durch Ihre Nase aus ...
   1. Atmen Sie ein – und atmen Sie aus auf eins.
   2. Atmen Sie ein – atmen Sie aus auf zwei.
   3. Atmen Sie ein – atmen Sie aus auf drei.
   4. Atmen Sie ein – atmen Sie aus auf vier.

c) 1. Einatmen: (Denken Sie) Friede – ausatmen – für jemanden
   2. Einatmen: Liebe – ausatmen – für jemanden
   3. Einatmen: Harmonie – ausatmen – für jemanden
   4. Einatmen: Freiheit – ausatmen – für jemanden

d) Nehmen Sie zum Beispiel Freiheit:
1. Zählen Sie beim Einatmen bis vier – denken Sie vier Zähltakte lang Freiheit.
2. Halten Sie den Atem an – denken Sie vier Zähltakte lang Freiheit.
3. Atmen Sie aus – denken Sie vier Zähltakte lang Freiheit.
4. Entspannen Sie sich – denken Sie Freiheit.
Erhöhen Sie die Zähltakte auf 5, 6 ... Atmen Sie tief ein und aus: Es ist die Energie Jesu, die Sie auf die Person richten, an die Sie bei dieser Übung denken.

Übungen der Autosuggestion

a) Setzen Sie sich hin und entspannen Sie sich, wie auch immer Sie wollen. Wichtig ist nur, daß Sie während der Dauer Ihrer Meditation so sitzen bleiben können, ohne unruhig zu werden.
Schließen Sie nun Ihre Augen und wiederholen Sie langsam in Gedanken die folgenden Sätze.
Ich habe jetzt Zeit ...
Nichts kann mich stören ...
Ich kann ganz allein sein ...
Ich freue mich über die Stille ...
Alle Spannungen fallen von mir ab ...
In mir ist eine große Ruhe ...
Ich bin ganz ruhig ...
Ich komme zu mir selbst ...

b) Setzen Sie sich hin, bequem und entspannt. Stützen Sie die Ellbogen auf Ihre Knie auf und halten Sie Ihr Gesicht zwischen beiden Händen. Schließen Sie Ihre Augen. Streichen Sie nun langsam, aber fest mit beiden Händen ein paarmal über Ihr Gesicht, ohne daß sich die Arme von ihrer Stelle rühren … Bewegen Sie Ihren Kopf dabei …

- Lassen Sie nun Ihre linke Hand auf dem Oberschenkel ruhen und streichen Sie mit der rechten Hand wiederholt über Ihre Stirn, dann über die Wange entlang und über das Kinn – als wollten sie alle Last des Tages aus Ihrem Gesicht hinwegstreichen … Heben Sie nun beide Hände, und streichen Sie langsam und sanft, von der Stirnmitte ausgehend, mit den Fingerspitzen Ihre Wangen entlang bis über das Kinn. Richten Sie sich langsam auf. Heben Sie Ihr Gesicht, als würden Sie zum Himmel aufschauen, doch halten Sie Ihre Augen geschlossen …
- Streichen Sie weiterhin mit Ihren Händen langsam und sanft über Ihr Gesicht … Spüren Sie, wie sich Ihr Gesicht entspannt und ruhig wird …
- Lassen Sie Ihre Hände langsam auf Ihre Oberschenkel fallen und legen Sie sie nach oben geöffnet ineinander.

c) Setzen Sie sich bequem hin, schließen Sie langsam Ihre Augen und entspannen Sie sich. Sagen sie sich folgende Worte:

- Ich bin jetzt hier, ich habe Zeit … Nichts kann mich stören … Ich fühle meine Stirn … Die Spannung verschwindet langsam, als würde ich sie mit einem weichen Tuch wegwischen … Keine Anspannung, keine Sorgenfalten … Meine Stirn ist entspannt und frei …
- Meine Augen sind ganz locker geschlossen … als würde ich durch die geschlossenen Lider auf ei-

nen Punkt vor mir schauen. Meine Augen sind vollständig entspannt …

- Meine Wangen sind entspannt … Die Ruhe strömt von der Stirn in die Wangen herab … Die Muskeln entspannen sich … Jeder Nerv ist ruhig … Die Ruhe breitet sich aus …

- Meine Lippen liegen sanft aufeinander … Meine Kiefer sind ganz locker und entspannt, keine Anspannung, keine Kraftanwendung …auch meine Zunge liegt locker im Mund …

- Ich fühle meine Arme … Sie hängen ruhig und entspannt von den Schultern herab … Alle Muskeln sind locker und entspannt … Ich fühle das Gewicht der Arme … Die Ruhe fließt von der Stirn über die Wangen in die Arme … Auch die Armmuskeln sind gelockert, alle Sehnen und Bänder und Nervenstränge sind entspannt, vollkommen ruhig … Die Ruhe strömt weiter in die Hände … Meine Hände sind warm, ruhig und schwer …

- Legen Sie Ihre Hände in Ihren Schoß. Legen Sie sie wie eine geöffnete Schale ineinander und fühlen Sie, wie sich der Kreis schließt: von der Stirn über die Arme in Ihre Hände – von den Händen über die Arme in die Stirn …

- Sie sind ganz ruhig und vollkommen entspannt …

Zweites Kapitel

Beten heißt einfach dasein

HINFÜHRUNG

An einem schönen, ruhigen Nachmittag kniete eine Frau im Gebet versunken hinten in einer Kirche. Zwei Kinder, ein Junge und ein Mädchen, schlüpften in den Raum, tauchten ihre Finger in das Weihwasserbecken und machten mit größter Andacht das Kreuzzeichen. Leise setzten sie sich dann in die vorderste Bank. Die Frau hatte sie aufmerksam beobachtet und freute sich am manierlichen Benehmen der Kinder.

Doch ihre Freude wurde bald getrübt. Die Kinder saßen nämlich immer noch ruhig da, mit ihren Händen im Schoß, und bewegten nicht einmal ihre Lippen. Sie saßen einfach da, offensichtlich vollkommen untätig. Dies lenkte die Frau so sehr ab, daß sie trotz aller Mühe, die sie sich gab, ihr eigenes Gebet nicht fortsetzen konnte. Schließlich hielt sie es nicht länger aus, stand auf und ging vor zu den Kindern.

„Nun müßt ihr aber anfangen zu beten und nicht einfach nur hier sitzen", flüsterte sie ihnen zu.

Die Kinder sahen sie erstaunt an und sagten: „Aber wir beten ja die ganze Zeit!"

„Welche Gebete betet ihr denn?" wollte die Frau wissen. Diese Frage verwirrte die Kinder so sehr, daß sie keine Antwort gaben. Sie hatten die Frage überhaupt nicht verstanden.

Nun müssen wir uns selbst fragen: Was bedeutet „beten“ eigentlich? Diese kurze Geschichte gibt uns zu denken. Haben die Kinder wirklich gebetet? Was für eine Art zu beten hatten sie gewählt? Vielleicht können wir sogar einen Schritt weitergehen und uns fragen, ob die beiden letzten Fragen überhaupt berechtigt sind.

Brauchen wir zum Beten unbedingt gesprochene Worte und vorgefaßte Texte? Und muß beim Beten auch wirklich der Verstand stets aktiv dabei sein? Auf die Frage, was Beten denn bedeute, hören wir meist folgendes:

- mit Gott zu sprechen
- Herz und Mund zu Gott zu erheben.

Obwohl diese Antworten nicht falsch sind, bleibt immer noch die Frage, ob das alles ist, was über das Beten gesagt werden kann. Gibt es wirklich nur diese beiden Gebetsformen? Muß unser Gebet denn notwendigerweise irgendeine Tätigkeit beinhalten – mit Gott zu sprechen, ihm zuzuhören, unser Herz zu ihm zu erheben?

Schauen wir uns einmal ernsthaft an, wie unser Leben Tag für Tag aussieht. Trotz der unzähligen Tätigkeiten, die unseren Alltag bestimmen, gibt es auch Momente in unserem Leben, in denen wir einfach nur „sind“, da sind. Wir sind glücklich oder traurig, sicher oder unsicher über bestimmte Dinge, und so weiter. Es gibt auch Momente, in denen wir uns bei einem bestimmten Menschen wohlfühlen und in seiner Gesellschaft glücklich „sind“.

Wenn wir das übertragen auf unsere Beziehung zu Gott – in seiner Gegenwart glücklich sein, sich geborgen fühlen und zufrieden sein damit, daß man bei ihm Ruhe finden kann, und sich seiner Gegenwart bewußt sein –, ist nicht auch dies ein Weg, um mit Gott im Gebet verbunden zu sein? Ist nicht auch all das Gebet?

Jetzt können wir wohl auch verstehen, warum in unserer kleinen Geschichte die Kinder angesichts der Frage der Frau so verwirrt waren. Hatten sie nicht gebetet, indem sie ihre Zeit in Gottes Gegenwart verbrachten und so seinen Frieden, seine Freude und seine Ruhe in sich aufnahmen?

Gewiß sagen einige jetzt, daß Beten sicherlich viel mehr bedeute, als einfach sich selbst in die Gegenwart Gottes zu versenken und nichts anderes zu tun. Sie machen vielleicht auch folgende Punkte geltend:

- Hat nicht Gott uns einen Verstand gegeben, um über ihn nachzudenken, und eine Zunge, um zu ihm zu sprechen, ihm zu danken und ihn zu preisen?
- Müssen wir nicht tätig sein und uns rühren, um unsere Fähigkeiten dem Willen Gottes gemäß einzusetzen?

Welchen Sinn soll es haben, einfach nur dazusitzen, ohne etwas zu tun – einfach nur dazusein? Wieder mögen manche sich fragen, welchen Wert ein Gebet hat, wenn wir einfach nur unsere Hände in den Schoß legen und sonst gar nichts tun. Heißt es nicht: „Erscheine nicht mit leeren Händen vor dem Herrn" (Sirach 35,6)?

Diese und ähnliche Einwände könnten erhoben werden und nicht nur zu unrecht. Es stimmt, daß Gott uns unseren Verstand gegeben hat, damit wir an ihn denken und über ihn nachsinnen. Doch die Frage ist: Müssen wir wirklich unseren Verstand immer und überall gebrauchen, auch beim Beten? Ist es nicht vielleicht ein Zeichen der Verehrung und des Respektes Gott gegenüber, wenn wir alles Denken und alle Überlegungen ausschalten und uns statt dessen ganz für seine Gegenwart öffnen, da wir in den Grenzen unseres Verstandes Gott in seiner Größe doch niemals voll erfassen können?

Dasselbe gilt für die Lippen. Müssen wir Gott stets mit Worten loben und ihm danken? Uns schweigend der Gegenwart Gottes bewußt zu werden und zu wissen, daß keines unserer Worte ihn je genug loben und preisen kann – ist dies nicht eine gute und sinnvolle Art des Gebetes?

All das gilt ebenso für unser Tun und Handeln. Will Gott uns wirklich zu jeder Zeit, auch beim Beten, etwas tun sehen? Ist im Gebet denn kein Platz für die Ruhe?

Als die Jünger von ihrer ersten Aussendung zu Jesus zurückkehrten und ihm von den Erfolgen erzählten, die sie in seinem Namen errungen hätten, sagte er nicht. „Das habt ihr gut gemacht." Auch sagte er nicht, sie hätten jetzt so vieles für andere getan, sie sollten jetzt etwas für Gott tun. Was er sagte, war: „Kommt mit an einen einsamen Ort, wo wir allein sind, und ruht ein wenig aus" (Markus 6,31).

Bei einer anderen Gelegenheit sprach Jesus zu Menschen, die eine große Verantwortung zu tragen hatten und denen die verschiedensten menschlichen Probleme Sorgen bereiteten. Er sagte nicht: „Kommt und arbeitet an meiner Seite." Er sagte nur: „Kommt alle zu mir, die ihr euch plagt und schwere Lasten zu tragen habt. Ich werde euch Ruhe verschaffen" (Matthäus 11,28).

Wenn wir also im Gebet nicht sprechen, nicht horchen und auch nicht über Gott nachdenken, tun wir dann nicht genau das, was er will? – Einfach nur bei ihm sein?

Gott selbst ist ständig am Werk und bewahrt das Universum in seiner Existenz. Am siebten Tag hat er geruht (Genesis 2,2). Das wiederum bedeutet, daß Gott nicht nur unentwegt tätig ist und handelt, sondern er auch die große Ruhe ist. Im Brief an die Hebräer werden wir dazu aufgefordert, in diese große Ruhe Gottes einzutreten: „Bemühen wir uns also, in jenes Land der Ruhe zu kommen" (Hebräer 4,11). Denselben Gedanken finden wir auch in den Schriften des heiligen Bonaventura. In seinem Buch „Der Aufstieg des Menschen zu Gott" beschreibt er, wie der Mensch die sechsstufige Leiter ersteigt zum Thron Gottes, wo jede Tätigkeit aufhört und der Betende nichts anderes mehr tut, als im großen Frieden Gottes zu ruhen.

In unserem Leben gibt es viele verschiedene Gelegenheiten, um diese einfache Form des Gebets zu üben. Was wir tun müssen ist, uns hinzusetzen, die Hände ruhig in unseren Schoß zu legen, und alles Denken und Überlegen beiseite zu lassen, so weit es uns möglich ist, alle Gefühle und Emotionen auszuschließen und uns nur mit dem einen Gedanken zu beschäftigen: „Ich will einfach nur hier vor Gott sein – einfach nur bei ihm sein, dasein in seiner Gegenwart." Sagen wir einfach: „Ich will einfach nur hiersein bei dir, oh Herr."

Freilich wird es uns nicht immer gleich gut gelingen, „einfach nur zu sein", so anfällig sind wir für Ablenkungen. Doch sollten wir uns davon nicht beirren lassen, sondern mit großer Ruhe und viel Geduld zurückkommen auf den Gedanken: „Ich will nur hiersein bei dir, oh Herr." Alle möglichen Sorgen, Probleme, Wünsche und Sehnsüchte werden sich uns immer wieder aufdrängen. Sobald sie in unser Bewußtsein drängen, können wir sagen: „Mit all meinen Sorgen, Problemen, Wünschen und Sehnsüchten bin ich hier bei dir, oh Herr." Wir werden Gott loben und preisen und ihm dafür danken wollen, daß er uns einfach so in seiner Gegenwart sein läßt, doch wir wollen das nicht überstürzt und in aller Eile tun. Wir wollen uns Zeit nehmen und einfach nur dasein bei ihm, nach dem sich unsere Herzen sehnen und den wir lieben. Seien Sie einfach da und vergessen Sie alle anderen Sorgen.

Auch bei einem Spaziergang und während der Arbeit kann uns der Gedanke, immer und überall in Gottes Gegenwart zu sein, ermutigen und stützen. Wichtig ist nur, daß wir uns immer wieder diesen Satz ins Gedächtnis rufen: „Ich bin bei dir, oh mein Herr."

„Ich bin bei dir" – das sind nur wenige Worte, doch sie sind von großer Bedeutung. Sie spielen sowohl in unserem täglichen Leben als auch in der Bibel eine große Rolle. Wenn ein Kind auf die Welt kommt, läßt es die Welt mit seinem ersten Schrei wissen: Ich bin da!

Denselben Gedanken finden wir in der Bibel. Im Buch Baruch 3,35 steht: „Ruft er die Sterne, so antworten sie: Hier sind wir." Im Buch Ijob heißt es: „Entsendest du die Blitze, daß sie eilen und dir sagen: wir sind da." Im Buch Genesis wird erzählt, wie Gott Abraham mit dem Gebot, seinen Sohn Isaak zu opfern, prüfen wollte. Die Geschichte beginnt damit, daß Gott Abraham beim Namen ruft. Dieser antwortet: „Hier bin ich" (Genesis 22,1). Ebenso antwortet Jakob: „Hier bin ich", als Gott ihn ruft (Genesis 31,11). Dasselbe geschah, als Gott sich Mose im brennenden Dornbusch zeigte. Und wer kennt nicht das dreifache „Hier bin ich" des jungen

Samuel, als Gott ihn mitten in der Nacht beim Namen rief (1 Samuel 3,4–9)?

Viel später, als die kirchlichen Dienste sich zu entwickeln begannen, erhielten diese wenigen Worte die Bedeutung der Annahme des Rufes Gottes. Bei der Priesterweihe und dem Ewigen Gelübde von Nonnen und Mönchen werden die Kandidaten beim Namen gerufen und antworten: „Hier bin ich".

Diese Beispiele zeigen uns, was es bedeutet, vor Gott einfach da zu sein. Sie bringen aber auch zum Ausdruck, wie sehr diese einfachen Worte Zeugnis unserer Liebe zu Gott und unserer Bereitschaft sind, auch ohne Worte oder Taten zufrieden in seiner Gegewart zu sein.

ÜBUNGEN

Ein liebender Mensch

- Setzen Sie sich bequem hin ... Schließen Sie die Augen ... Sie sind ganz ruhig ...
- Machen Sie eine der Entspannungsübungen.
- Atmen Sie ein oder zwei Mal tief ein. Atmen Sie dann in Ihrem normalen Rhythmus weiter ... Horchen Sie auf Ihren Atem, ohne ihn zu beeinflussen ... Denken Sie dann nicht mehr bewußt daran.
- Bitten Sie den Heiligen Geist, er möge Sie in Ihrem Gebet führen.
- Denken Sie an einen Menschen, der Sie liebt und der Ihnen nahe ist. Wenn Sie ihm Ihre Zuneigung,

Ihre Dankbarkeit und Liebe zeigen wollen, müssen Sie ihm das nicht beweisen. Einfach an ihn zu denken und bei ihm zu sein, ist genug … Dies sagt ihm, daß Sie ihn lieben …

- Denken Sie an Jesus als den Menschen, der Sie liebt … Sie wollen ihm zeigen, daß auch Sie ihn lieben. Zeigen Sie ihm das, indem Sie einfach bei ihm sein wollen … „Herr, ich will nur bei dir sein, weil ich dich liebe" … Bleiben Sie bei diesem Gedanken … Wenn Sie abgelenkt werden, kehren Sie einfach zurück und wiederholen Sie diesen Satz … Verbringen Sie Ihre Zeit im Gebet mit diesem Satz … Versuchen Sie nichts sonst …
- Wenn Sie spüren, daß die Zeit dafür da ist, lassen Sie Ihr Gebet ausklingen, und danken Sie Gott …
- Öffnen Sie langsam Ihre Augen, und beenden Sie das Gebet.

Jesus und Maria

- Setzen Sie sich bequem hin … Schließen Sie Ihre Augen … Sie sind ganz ruhig …
- Machen Sie eine der Entspannungsübungen.
- Atmen Sie ein oder zwei Mal tief ein … Atmen Sie dann wieder in Ihrem normalen Rhythmus weiter … Horchen Sie auf Ihren Atem, ohne ihn beeinflussen zu wollen … Denken Sie dann nicht mehr bewußt daran …
- Bitten Sie den Heiligen Geist, er möge Sie in diesem Gebet führen …

- Versetzen Sie sich im Geiste in das Haus von Martha und Maria in Bethanien ... Sie sehen Maria, die zu Füßen des Herrn sitzt ... Wahrscheinlich hat Jesus nicht die ganze Zeit gesprochen, auch hat Maria wohl nicht die ganze Zeit zugehört ... Gewiß haben sie beide auch zeitweise geschwiegen ... Stellen Sie sich diese Szene vor, als wären Sie dabei ... Setzen auch Sie sich zu Füßen Ihres geliebten Herrn nieder ... Freuen Sie sich daran ... Lassen Sie alle Arbeit ruhen und verbringen Sie die Zeit damit, bei Ihrem Herrn zu sitzen, einfach nichts zu tun und zu schweigen ... Genießen Sie die Gegenwart des Meisters ... Wenn Sie abgelenkt werden, kehren Sie langsam wieder zu diesem Bild zurück ...
- Sobald Sie es für richtig halten, danken Sie Gott, und kommen Sie an den Schluß Ihres Gebets ...
- Öffnen Sie langsam Ihre Augen, und beenden Sie Ihr Gebet.

Hier bin ich

- Setzen Sie sich bequem hin ... Schließen Sie Ihre Augen ... Sie sind ganz ruhig ...
- Machen Sie eine der Entspannungsübungen.
- Atmen Sie ein oder zwei Mal tief ein ... Atmen Sie dann wieder in Ihrem normalen Rhythmus weiter ... Horchen Sie auf Ihren Atem, ohne ihn beeinflussen zu wollen ... Denken Sie dann nicht mehr bewußt daran ...
- Bitten Sie den Heiligen Geist, er möge Sie in diesem Gebet führen ...

- Stellen Sie sich eine dieser Szenen aus der Bibel vor: Gott, der Abraham ruft, oder Mose vor dem brennenden Dornbusch oder den jungen Samuel, den Gott mitten in der Nacht ruft … Lassen Sie ein lebendiges Bild dieser Szene vor Ihrem inneren Auge entstehen – versetzen Sie sich selbst in diese Szene hinein …
- Hören Sie, wie Gott sie ruft, und hören Sie auch ihre Antwort: „Hier bin ich." Hören Sie aufmerksam auf diese Worte: „Hier bin ich" …
- Versetzen Sie sich an die Stelle des Gerufenen. Hören Sie, wie Gott Sie beim Namen ruft, und antworten Sie ihm: „Hier bin ich." Wenn Sie abgelenkt werden, sagen Sie wiederum einige Male „Hier bin ich" und verbleiben Sie in diesem Bewußtsein …
- Sobald Sie es für richtig befinden, danken Sie Gott, und kommen Sie an den Schluß Ihres Gebets …
- Öffnen Sie langsam Ihre Augen, und beenden Sie Ihr Gebet.

Der schweigende Wald

- Setzen Sie sich bequem hin … Schließen Sie Ihre Augen … Sie sind ganz ruhig …
- Machen Sie eine der Entspannungsübungen.
- Atmen Sie ein oder zwei Mal tief ein … Atmen Sie dann wieder in Ihrem normalen Rhythmus weiter … Horchen Sie auf Ihren Atem, ohne ihn beeinflussen zu wollen … Denken Sie dann nicht mehr bewußt daran …

- Bitten Sie den heiligen Geist, er möge Sie in diesem Gebet führen …
- Stellen Sie sich bitte einen tiefverschneiten Wald vor … Nichts rührt sich … Vollkommene Stille … Der Wald ist einfach da … Er „ist" einfach … zur Ehre Gottes.
- Sagen Sie zum Herrn: „Wie dieser Wald möchte ich einfach hier vor dir sein, mein Gott." Tun Sie nichts anderes … Sorgen Sie sich nicht, wenn Sie abgelenkt werden. Sagen Sie nur hin und wieder: „Ich will nur hier bei dir sein, oh mein Gott" …
- Sobald Sie es für richtig halten, danken Sie Gott, und kommen Sie an den Schluß Ihres Gebets …
- Öffnen Sie langsam Ihre Augen, und beenden sie Ihr Gebet.

Der Sternenhimmel

- Setzen Sie sich bequem hin … Schließen Sie Ihre Augen … Sie sind ganz ruhig …
- Machen Sie eine der Entspannungsübungen.
- Atmen Sie ein oder zwei Mal tief ein … Atmen Sie dann wieder in Ihrem normalen Rhythmus weiter … Horchen Sie auf Ihren Atem, ohne ihn beeinflussen zu wollen … Denken Sie dann nicht mehr bewußt daran …
- Bitten Sie den Heiligen Geist, er möge sie in diesem Gebet führen …
- Stellen Sie sich eine klare Winternacht vor.

Schauen Sie auf zum Himmel und sehen Sie die Abermillionen von Sternen ... Wahrscheinlich kennen Sie nur einige davon mit Namen ... Warum sind sie da? ... Nur um ihrem Schöpfer ein sichtbares, leuchtendes Loblied zu singen ...

- Lassen Sie die Schönheit und die Herrlichkeit, den Lobgesang des großartigen Sternenhimmels auf sich wirken, nehmen Sie all das tief in sich auf ...
- Sagen Sie zum Herrn: „Wie die Millionen von Sternen am Himmel dich loben und preisen, so will auch ich dich loben und preisen, indem ich einfach nur hier in deiner Gegenwart bin." Tun sie nichts anderes ... Sie sind einfach da in Gottes Gegenwart, und das ist Lob und Preis genug ... Wenn etwas Sie ablenken will, kehren Sie einfach wieder in Gottes Gegenwart zurück ...
- Sobald Sie es für richtig halten, danken Sie Gott, und kommen Sie an den Schluß Ihres Gebets ...
- Öffnen Sie langsam Ihre Augen, und beenden Sie Ihr Gebet.

Bei Jesus ruhen

- Setzen Sie sich bequem hin ... Schließen Sie Ihre Augen ... Sie sind ganz ruhig ...
- Machen Sie eine der Entspannungsübungen.
- Atmen Sie ein oder zwei Mal tief ein ... Atmen Sie dann wieder in Ihrem normalen Rhythmus weiter ... Horchen Sie auf Ihren Atem, ohne ihn beeinflussen zu wollen ... Denken Sie dann nicht mehr bewußt daran ...

- Bitten Sie den Heiligen Geist, er möge Sie in diesem Gebet führen …

- Als die Apostel dem Herrn berichteten, was sie alles gelehrt und gewirkt hatten, sagte er zu ihnen: „Kommt mit an einen einsamen Ort, wo wir allein sind, und ruht euch ein wenig aus“ (Markus 6,31) …

- Stellen Sie sich die Apostel mit Jesus an einem einsamen Ort vor … Sie ruhen sich bei ihm aus … Vielleicht sitzen sie, oder sie haben sich niedergelegt … und rasten und ruhen sich in seiner Gegenwart aus …

- Hören Sie, wie Jesus zu Ihnen sagt: „Kommt zu mir und ruht euch ein wenig aus“ … Hören Sie diese Worte immer wieder …

- Gehen Sie hin zu ihm, und ruhen Sie sich aus … Tun Sie nichts … Sprechen Sie nicht zu ihm über Ihre Sorgen, stellen Sie ihm keine Fragen … Ruhen Sie sich einfach aus … bei ihm, in seiner Gesellschaft … Lassen Sie sich umhüllen von seiner Gegenwart … Wenn Sie wollen, lehnen Sie Ihren Kopf an seine Schulter … Oder halten Sie seine Hand … Sie finden Ruhe und Frieden … Wenn Sie durch irgend etwas abgelenkt werden, sagen Sie: „Komme zu mir und ruhe dich ein wenig aus“ …

- Sobald Sie es für richtig halten, danken Sie Gott, und kommen Sie an den Schluß Ihres Gebets …

- Öffnen Sie langsam Ihre Augen, und beenden Sie Ihr Gebet.

Drittes Kapitel

Beten im Einklang mit dem Atem

HINFÜHRUNG

Auf den ersten Blick scheint das Atmen für uns ein rein körperlicher Vorgang zu sein. Wir atmen saubere, frische Luft ein und atmen die verbrauchte Luft wieder aus. Das Atmen erhält uns am Leben – wenn wir aufhören zu atmen, sterben wir.

Physisch gesehen ist das Atmen das grundlegendste Zeichen des Lebens. Doch obwohl es die wesentlichste Tätigkeit unseres Lebens ist, wird es am wenigsten geschätzt, und kaum einer denkt je ernsthaft darüber nach. Als Kinder sahen wir unseren Atem als weißen Hauch in der kalten Winterluft. Wer schwimmen lernt, muß auch lernen, seinen Atem unter Wasser anzuhalten. Im schnellen Lauf oder bei körperlicher Anstrengung geraten wir außer Atem. Und wie ist das, wenn wir in Zorn geraten? Jemand sagt dann vielleicht: „Jetzt laß erst einmal die Luft ab", und ein paar tiefe Atemzüge helfen uns, die angestaute Wut aus uns herauszulassen. Hier zeigt sich ein bestimmter Zusammenhang zwischen unserem Atmen und unseren Gefühlen und Emotionen. Unser Atem ist oft das Barometer unserer Gefühlswelt. Wenn wir Angst haben oder aufgeregt sind, geht unser Atem schneller, doch wenn diese Gefühlsregungen vorbei sind, beruhigt sich unser Atem wieder. Im Schlaf oder in der Entspannungsphase geht unser

Atem gleichmäßig, doch sehen wir uns unvermutet einer Gefahr gegenüber, „stockt" uns der Atem – das heißt, wir halten unvermittelt die Luft an. Sobald die Gefahr vorbei ist, stoßen wir einen Seufzer der Erleichterung aus und atmen gleichmäßig weiter.

Diese Beispiele bringen einen deutlichen Zusammenhang, eine Wechselwirkung zwischen unserem Atem und unseren Gefühlen zum Ausdruck. Unsere Gefühlswelt beeinflußt unser Atmen, und das wiederum kann auf unsere Emotionen Einfluß ausüben. An unserer Atmung ist die ganze Person beteiligt.

Was aber hat das alles mit dem Beten zu tun? In der Bibel finden wir zahlreiche Hinweise darauf. Das Atmen ist dort, vor allem im Bild des „göttlichen Atems", ein Ausdruck der schöpferischen Tätigkeit Gottes. So heißt es schon von der Erschaffung des Menschen: „Da formte Gott, der Herr, den Menschen aus der Erde vom Ackerboden und blies in seine Nase den Lebensatem" (Gen 2,7).

Der Prophet Ezechiel sah in einer Vision eine Unmenge Totengebein. Er erhielt von Gott den Auftrag, darüber zu weissagen: „Rede als Prophet zum Geist, rede, Menschensohn, sag zum Geist: So spricht Gott, der Herr: Geist, komm herbei von den vier Winden! Hauch diese Erschlagenen an, damit sie lebendig werden" (Ez 37,9).

Das Seufzen ist eine Form des Atmens. Denken wir in diesem Zusammenhang an den Brief des heiligen Paulus an die Römer (8,26): „So nimmt sich auch der Geist unserer Schwachheit an. Denn wir wissen nicht, worum wir in rechter Weise beten sollen; der Geist selber tritt jedoch für uns ein mit einem Seufzen, das wir nicht in Worte fassen können."

Unser leibliches Atmen ist als „Atem" und „Seufzen" also ein Bild religiöser Tätigkeit. Wie wir durch unsere ausgestreckten Arme unsere Anliegen vor Gott bringen und kniend, mit gefalteten Händen Gott anbeten, so kann unser Atmen im Gebet uns näher zu Gott führen.

In der christlichen Gebetstradition hat das Atmen schon immer eine tragende Rolle gespielt. Das bekannteste Beispiel ist das Jesusgebet: „Herr Jesus Christus, Sohn Gottes, erbarme dich meiner." Bereits im frühen Mönchtum wurden Anweisungen gegeben, wie man dabei atmen sollte.

Noch älter ist jedoch jene Gebetsform, die in vielen Büchern vergangener Zeit „der Seufzer" genannt wird. Er stellt eine Verbindung dar zwischen unserem Atem und dem, was in unserem Herzen vor sich geht: Reue über unsere Sünden, die Erkenntnis unserer elenden Lage und die Sehnsucht danach, von Gott aus unserer Not errettet zu werden. Viele Psalmen und Sprüche in der Bibel bezeugen diese Einheit von innerer Sehnsucht und äußerer Kundgabe im Seufzen.

Vielleicht assoziieren wir einen Seufzer in erster Linie mit einem tragischen Ereignis oder mit etwas, das wir meiden sollten, ja, teilweise erachten wir einen Seufzer sogar als ein Zeichen der Schwäche. Doch wenden wir uns dem zu, was die Heilige Hildegard von Bingen über das Seufzen dachte. Für sie war das Seufzen etwas ganz anderes, denn sie sah darin einen Ausdruck der tiefen Sehnsucht nach Gott, einer Sehnsucht voller Kraft und Erwartung.

Das Atmen hat also seinen ganz eigenen Rhythmus und weist auf die verschiedensten Gefühle und Gemütsregungen im Menschen hin. Es spielt auch bei angenehmeren Erfahrungen eine wichtige Rolle. Stehen wir zum Beispiel vor etwas Schönem, halten wir unwillkürlich den Atem an – oder wir atmen tief ein und drücken so unser Staunen aus. Damit bringen wir durch eine Körperreaktion das zum Ausdruck, was wir im Inneren erleben: Wir nehmen etwas Schönes in unser Herz auf und bewahren es darin für einige Zeit. Die kleine Pause nach dem Ausatmen wiederum ist ein Moment des Innehaltens, des Schweigens, ein vertrauensvolles Warten auf den nächsten Atemzug.

Wichtig ist es, diesen Zusammenhang vor Augen zu haben, wenn wir Gebetsworte auswählen und wenn wir in Harmonie mit dem Atem beten wollen. Freilich können uns bei dieser Form des Gebets einige Schwierigkeiten begegnen. Doch lassen Sie sich dadurch nicht von Ihrem Gebet abbringen! Allgemein gesehen besteht hier wohl das erste und für viele auch das größte Problem darin, daß sie nicht gelernt haben, korrekt zu atmen. Sie atmen viel zu schnell. Sogar ein kurzes Ein-Wort-Gebet ist ihnen zu lang, sie bringen es nicht in ihrem Atemrhythmus unter. Zunächst müssen wir uns also klarmachen, daß nichts getan oder erreicht werden muß. Wiederholen wir nur ruhig und entspannt das Ein-Wort-Gebet, achten wir dabei nicht auf unseren Atem, aber versuchen wir, uns mehr und mehr in die Bedeutung und den Sinn des Gebets zu vertiefen. Wenn wir dem genügend Aufmerksamkeit widmen, wird sich unsere Atmung ganz von selbst dem Rhythmus der Gebetsworte angleichen.

Der Grund für unser falsches, zu schnelles Atmen liegt darin, daß wir in unserem Alltag oft so gehetzt, angespannt und gestreßt sind. Es ist darum nur zu unserem eigenen Vorteil, wenn wir lernen, uns zu entspannen und ruhig zu werden, vielleicht auch ein einfacheres Leben zu führen. Eine Vielzahl von asiatischen Meditationsübungen wie Transzendentale Meditation oder Yoga können dabei hilfreich sein.

Eine der vielen Entspannungsmethoden ist das autogene Training. Auch wenn es Ihnen nicht möglich sein sollte, einen entsprechenden Kurs zu besuchen, können Ihnen die folgenden Anleitungen nützlich sein: Nehmen Sie sich Zeit, um sich zu entspannen, indem Sie zunächst einmal gar nichts tun. Setzen Sie sich bequem hin, legen sie Ihre Hände in den Schoß und horchen Sie auf Ihren Atem. Versuchen Sie aber nicht, Ihren Atem bewußt zu steuern, um Ihren Rhythmus zu verlangsamen. Sie werden nämlich feststellen, daß Ihr Atem bald ganz von selbst langsamer und ruhiger wird. Der Schwerpunkt dieser Übung liegt auf dem langsamen Ausatmen und auf der kleinen Pause danach.

Eine andere Möglichkeit der Entspannung bezieht das Seufzen mit ein. Grund zum Seufzen haben wir wohl genug. Seufzen Sie also, ohne Worte und ohne Anstrengung. Bald werden Sie feststellen, daß Ihr Atem langsamer wird. Nun wird es leichter, ein Ein-Wort-Gebet im Atemrhythmus zu sprechen. Sagen Sie etwa beim Einatmen: „Ich bin voller Sorgen" und beim Ausatmen: „Ich lege sie alle in deine Hände, oh Herr".

Viele von uns sehen eine der Schwierigkeiten darin, daß sie, obwohl nach außen alles in bester Ordnung zu sein scheint, nichts fühlen. Wir sagen die inneren Worte im Einklang mit unserem Atem, aber wir empfinden nichts dabei. Wir sind nicht bewegt, wie sehr wir uns auch bemühen. Das ist jedoch bei dieser Art von Gebet völlig normal, so lassen Sie sich bitte davon nicht beirren – obwohl ich weiß, daß das leichter gesagt als getan ist!

Das Problem mag darin liegen, daß es uns leichter fällt, über etwas nachzudenken. Das Denken gelingt schneller. Doch bis unser Herz und Gemüt von einem Wort angesprochen werden, braucht es seine Zeit, in der das Ein-Wort-Gebet mit viel Geduld wiederholt werden muß. Mit jedem Atemzug sollten wir das Gebet etwa 15 bis 20 Minuten lang sprechen, wenn nötig auch länger. Das kann Tage, vielleicht sogar Monate in Anspruch nehmen, bis das, was bisher nur in unseren Gedanken vorhanden war, von Geist, Herz und Gefühlen aufgenommen wird.

Es kann auch sein, daß das ausgewählte Gebetswort uns kalt läßt, uns nicht berührt, weil es nicht zu unserem momentanen Gemütszustand paßt. In diesem Fall hören wir am besten tief in uns hinein und überlegen, welches andere Gebetswort unserer Verfassung jetzt am besten entspricht.

All unsere Bemühungen können nur eine Vorbereitung sein auf das, was Gott in uns wirken will. Manchmal wird er uns sehr tief berühren und sich uns stark spüren lassen. Manchmal spüren wir vielleicht nichts. Alles das müssen wir ihm in großer Demut überlassen. Es soll uns nicht entmutigen oder beunruhigen. Wir können uns nur durch ein betrachtendes Gebet dem Geist Gottes völlig übergeben, so daß er in uns wirken kann durch Seufzer und Gebete, die wir selbst nicht zustande bringen.

ÜBUNGEN

Seien Sie sich Ihres Atems bewußt

In allen östlichen Meditationsformen spielt der Atem eine ganz besondere Rolle. Auch unsere Ärzte sind davon überzeugt, daß die tiefe Bauchatmung die Organe stärkt und wichtig ist für die körperliche Gesundheit. Die orientalische Auffassung bestätigt dieses Wissen um die lebensspendende Funktion der Luft und des Atmens. Dieser Zusammenhang ist in der östlichen Meditation bekannt unter der Bezeichnung „Prana", „Chi" oder „Kosmische Energie".

„Der Weise atmet aus seinen Fersen", sagt ein altes chinesischen Sprichwort. Das weist hin auf das Bewußtsein um das Atmen, oder „Chi", das bei dieser Art der Meditation durch den Körper fließt. Ein östlicher Gebetsmeister sagt: „Dein Atem ist dein bester Freund. Wende dich an ihn in allen Lebenlagen, und du wirst Rat und Frieden finden."

- Werden Sie sich Ihres Atmens bewußt ... stellen Sie einfach die Tatsache fest, daß Sie atmen ... Beobachten Sie sich einfach selbst beim Ein- und Ausatmen ...
- Verfolgen Sie bewußt, wie die Luft durch Ihre Nase in Sie hinein- und wieder herausströmt ... in welchem Teil der Nase Sie die hineinströmende Luft spüren können ... wo Sie sie spüren beim Ausatmen ...
- Versuchen Sie auch, die Wärme oder Kühle der Luft zu spüren – kühle Luft atmen Sie ein, warme strömt wieder heraus ...

- Vielleicht bemerken Sie auch, daß der eine Nasenflügel mehr Luft durchläßt als der andere …
- Achten Sie beim Atmen eine Zeitlang auf die geringste und leiseste Berührung durch die Luft … auf die kleinste Empfindung Ihres Atems … Wenn etwas Sie ablenken will, kehren Sie ruhig zur Wahrnehmung Ihrer Empfindungen zurück …
- Nach einiger Zeit werden Sie einen tiefen Frieden und große Ruhe in sich finden. Verbleiben Sie darin, ruhen Sie sich aus …
- Öffnen Sie langsam Ihre Augen, und beenden Sie Ihr stilles Gebet.

Gottes Atem einatmen und alles Negative ausatmen

Gott ist in allen Dingen, und alle Dinge sind in ihm. Er erschafft alle Dinge und lebt und wirkt in allem. Alles ist erfüllt von Gottes Kraft, Gottes Geist und Gottes lebensspendendem Atem. Wenn wir Luft einatmen, atmen wir zugleich Gottes Geist ein. Wir atmen Gott ein. So kann das Atmen selbst ein wunderschönes Gebet werden: Atmen wir ein, um Gott einzuatmen, um uns von ihm erfüllen zu lassen, um uns von ihm verwandeln zu lassen. Und wenn wir ausatmen, müssen wir alles Negative in uns ausatmen. Alles, was nicht von Gott ist, was nicht von Gottes Geist erfüllt ist, atmen wir aus. Ich persönlich schätze dieses Gebet sehr; es hat mir sehr geholfen. Auch von den Besuchern meiner Kurse wurde es stets mit großer Begeisterung aufgenommen. Auch hilft es mir immer wieder bei meinen Gebeten um den Frieden auf der Welt und das Wohlergehen der Menschheit.

- Nehmen Sie eine angenehme Haltung ein … Schließen Sie Ihre Augen … beruhigen Sie sich …
- Machen Sie eine der Entspannungsübungen …
- Spüren Sie, wie der Heilige Geist in Ihnen wirkt … Bitten Sie ihn, Sie im Gebet zu führen …
- Werden Sie sich Ihres Atmens bewußt … achten Sie dabei auf alle Empfindungen in Ihrer Nase … Beobachten Sie, wie die Luft ein- und ausströmt … Atmen Sie tief ein … Füllen Sie Ihre Lungen mit der Energie des Geistes … Atmen Sie aus … Lassen Sie dabei alles Negative, alles Belastende aus sich heraus … alle Ängste … alle unguten Gefühle … alle Ihre Sünden …
- Verbleiben Sie in dem Bewußtsein, beim Einatmen den Atem Gottes in sich aufzunehmen, und beim Ausatmen alles Negative aus Ihrem Leben auszuatmen … Seien Sie sich einfach dieses Ein- und Ausatmens bewußt …
- Stellen Sie sich vor, wie Ihr Körper durch das Einatmen von Gottes lebensspendendem Geist und das Ausstoßen von allem Schlechten hell und lebendig erstrahlt …
- Stellen Sie sich vor, daß Gottes Energie, seine Kraft, sein Frieden und sein Geist durch Sie in die Welt hinausfließen …
- Öffnen Sie langsam Ihre Augen, und beenden Sie das Gebet.

Gott einatmen

Wie schnell werden wir uns der Luft in der Stadt im Gegensatz zur Landluft bewußt, der leichten Bergluft, der schweren Meeresluft, der müden Luft der Nacht, der frischen Luft am Morgen oder der linden Luft im Mai im Gegensatz zur beißenden kalten Luft im Dezember. „Der Wind weht, wo er will; du hörst sein Brausen, weißt aber nicht, woher er kommt und wohin er geht. So ist es mit jedem, der aus dem Geist geboren ist" (Joh 3,8). Der Wind im Winter und im Frühling sind die ersten Begegnungen eines Kindes mit dem Geheimnisvollen, mit dem Unerklärlichen, das seinen Wortschatz und meist auch den der Eltern übersteigt.

Wer zähmt den Wind? Der Wind übertönt die Stimmen der Menschen und läßt sie schweigen. Der Wind ist der Atem der Macht Gottes und fordert von uns Ehrfurcht. Was ist gewaltiger als ein Hurrikan oder ein Tornado, der alles hinwegfegt? Was ist sanfter als der zärtliche Hauch einer milden Brise im Frühjahr? So ist unser Gott.

Die Luft gibt es überall; sie gehört uns allen. Wir teilen sie mit allem Lebendigen – mit Menschen, Tieren, Bäumen, Pflanzen, Bergen, ja, sogar mit der Erde selbst. In diese Luft, die wir alle atmen, kam Jesus. Er atmete unseren Atem. Und jetzt atmen wir seinen Atem: nicht nur den Atem seiner Lungen, sondern den Atem seines Geistes. Indem er uns seinen Geist gab, hat er uns ewiges Leben eingehaucht. Der Atem, den er gibt, ist das auferstandene Leben. Als der „neue Adam" wird Jesus in seiner Auferstehung zum lebenden Geist.

So kommt alles Leben, alle Heiligkeit von Gott durch seinen Sohn, Jesus Christus, über das Wirken des Heiligen Geistes.

- Nehmen Sie eine angenehme Haltung ein … Schließen Sie Ihre Augen … beruhigen Sie sich …
- Machen Sie eine der Entspannungsübungen …
- Spüren Sie, wie der Heilige Geist in Ihnen wirkt … Bitten Sie ihn, Sie im Gebet zu führen …
- Werden Sie sich Ihres Atmens bewußt … achten Sie dabei auf alle Empfindungen in Ihrer Nase … Beobachten Sie, wie die Luft ein- und ausströmt … Beobachten Sie einfach all das … Sie sind hellwach und beobachten Ihr Atmen …
- Denken Sie darüber nach, daß die Luft, die Sie einatmen, voll ist von der Kraft und der Gegenwart Gottes … Stellen Sie sich die Luft als ein Meer vor, das Sie umgibt … ein Meer, erfüllt von der Gegenwart und vom Sein Gottes … Während Sie die Luft in Ihre Lungen aufnehmen, nehmen Sie Gott auf … Lassen Sie jeden Atemzug ein Zeichen Ihrer Sehnsucht nach Gott sein. Sie wissen, daß Sie bei jedem Atemzug Gottes Kraft und Gegenwart in sich hineinströmen lassen … Verbleiben Sie in diesem Bewußtsein, so lange Sie können … Wenn Sie abgelenkt werden, kehren Sie ruhig zurück und beobachten Sie den Weg der Luft durch Ihre Nase …
- Öffnen Sie langsam Ihre Augen, und beenden Sie Ihr Gebet.

Der befreiende Seufzer

Oftmals ärgern wir uns über andere oder sogar über uns selbst. Manchmal sind wir niedergeschlagen und unzufrieden, der Verzweiflung nahe. Vielleicht belasten uns Schuldgefühle, die wir nicht loswerden. Oder wir werden von Ängsten gequält. Es gibt viele Arten seelischer Anspannung, die wir nicht einfach abschütteln können. Was können wir also tun?

Der erste Schritt zu unserer Befreiung ist es zuzugeben und zu akzeptieren, daß wir zornig sind, erregt, traurig, voller Ängste und so weiter. Wahrscheinlich gestehen wir uns diese Gemütsbewegungen nur in Gedanken ein. Doch das genügt nicht. Wir müssen die Angst, die Einsamkeit, unsere Sorgen tatsächlich fühlen, auch körperlich spüren. Sobald uns das gelingt, wird sich ganz von selbst ein tiefer, befreiender Seufzer lösen, und mit diesem Seufzer löst sich auch ein guter Teil unserer Sorgen und Ängste. Deshalb nennen wir diesen Vorgang den „befreienden Seufzer", weil er die Spannungen in uns abbaut und uns hilft, zur Ruhe zu kommen. Tun wir das in Gottes Gegenwart, so wird der Seufzer zum Gebet. Wenn wir uns beim Einatmen als die armseligen Geschöpfe denken können, die wir sind, unfähig, uns von unseren Abneigungen gegen andere, von unserer inneren Unruhe und von unseren Angst- und Schuldgefühlen zu befreien, dann werden wir beim Ausatmen mit dem größten Vertrauen unsere Sorgen und Nöte und alles, was uns belastet, in die Hände des Vaters legen. Nichts kann uns daran hindern, diesen „befreienden Seufzer" immer wieder auszustoßen. Setzen wir uns einfach eine Weile hin und seufzen unser Gebet in der Gegenwart Gottes. Wir werden erfrischt und leichten Herzens wieder zurück an unsere Arbeit gehen.

- Nehmen Sie eine angenehme Haltung ein … Schließen Sie Ihre Augen … beruhigen Sie sich …
- Machen Sie eine der Entspannungsübungen …

- Spüren Sie, wie der Heilige Geist in Ihnen wirkt … Bitten Sie ihn, Sie im Gebet zu führen …
- Werden Sie sich Ihres Atmens bewußt … achten Sie dabei auf alle Empfindungen in Ihrer Nase … Beobachten Sie, wie die Luft ein- und ausströmt …
- Werden Sie sich beim Einatmen Ihrer Armut, Ihrer Armseligkeit, Ihrer Fehler oder der Gefühle bewußt, die Sie belasten. Denken Sie bewußt daran, daß Sie sich allein nicht helfen können … Füllen Sie Ihre Lungen mit dem Atem Gottes … Er wird Sie befreien … und während Sie ausatmen fühlen Sie, wie alle quälenden Gefühle, alle Ängst aus Ihnen herausfließen …
- Atmen Sie für die Dauer Ihres Gebetes bewußt ein und aus … Beim Einatmen denken Sie an Ihre Armut … Beim Ausatmen legen Sie alle Ihre Sorgen in die Hände des Herrn, der Ihnen nahe ist …
- Öffnen Sie nun langsam Ihre Augen, und beenden Sie Ihr Gebet.

Vater, in deine Hände

Dem Evangelisten Lukas nach waren die letzten Worte Jesu ein vertrauensvoller Seufzer: „Vater, in deine Hände lege ich meinen Geist“ (Lukas 23,46). Auch wir können diese Worte beten, am besten wohl in der Form des „befreienden Seufzers“. Natürlich kann das Wort „Vater“ nicht mit derselben Kraft aus unserem Mund kommen wie es bei Jesus der Fall war. Es kann auch nicht mit demselben Vertrauen und derselben Zuversicht aus unserem Herzen hervorquellen wie bei Jesus. Aber wir können uns mit Jesus vereinen und mit ihm beten: „Vater, in deine

Hände lege ich meinen Geist". Und mit unserem Ausatmen werden unsere Armseligkeit und unsere Ängste schwinden und dem Vertrauen Platz machen, mit dem wir uns in die Hände unseres liebenden Vaters geben.

In seiner letzten Stunde stieß Jesus den „befreienden Seufzer" als Gebet aus, und wir können seinem Beispiel folgen, indem wir sein Gebet zu unserem machen. So können wir in den Händen unseres guten und barmherzigen Vaters Frieden, Ruhe und Geborgenheit finden.

- Nehmen Sie eine angenehme Haltung ein … Schließen Sie Ihre Augen … beruhigen Sie sich …
- Machen Sie eine der Entspannungsübungen …
- Spüren Sie, wie der Heilige Geist in Ihnen wirkt … Bitten Sie ihn, Sie im Gebet zu führen …
- Werden Sie sich Ihres Atmens bewußt … Achten Sie dabei auf alle Empfindungen in Ihrer Nase … Beobachten Sie, wie die Luft ein- und ausströmt …
- Werden Sie sich der Gegenwart Gottes bewußt, unseres liebevollen und barmherzigen Vaters … Rufen Sie ihm zu: „Vater, in deine Hände lege ich meinen Geist" … Konzentrieren Sie sich beim Einatmen auf den Vater, und legen Sie dann beim Ausatmen alle Ihre Ängste und Sorgen voll Vertrauen in seine liebenden Hände … Sie brauchen kein Wort zu sagen … doch seien Sie sich jedes Atemzugs und Ihres Anliegens bewußt … Sie sind erfüllt von Vertrauen … Lassen Sie sich nicht ablenken …
- Öffnen Sie nun langsam Ihre Augen, und beenden Sie Ihr Gebet.

Wir – Du

Eine Mutter mehrerer Kinder entdeckte, daß sie am besten die Worte „Wir – Du" betete. Dieses Gebet sagte sie in allen Lebenslagen. Wenn sie sich wegen ihrer Kinder Sorgen machte, wenn sie mit ihnen Probleme hatte, nahm sie sie im Geiste in ihre Arme und betete diese Worte mit ihnen. Auch wenn sie Grund zur Freude hatte, stellte sie sich vor, sie umarme die Kinder, um gemeinsam Gott mit diesen zwei Worten zu danken. Weil sie mit all ihren Kindern vor Gott anwesend war, erlebte sie nicht nur ihre Verbundenheit mit Gott, sondern auch ihre Verbundenheit mit den Kindern ständig von neuem und jedesmal inniger.

Viele verheiratete Paare und verliebte junge Menschen machen ähnliche Erfahrungen. Sie entdecken einen viel tieferen Sinn in ihrer Liebe. Oft sind wir auch angesichts des großen Elends und des Leidens vieler Menschen entmutigt. Verbinden wir uns gedanklich mit den Leidenden dieser Welt, und schließen wir sie in das „Wir" unseres Gebetes ein. Im „Du" treten wir dann voll Vertrauen hin vor Gott.

In diesem „Wir" können wir aber auch alles einschließen, was wir sehen und hören, ja die gesamte Schöpfung Gottes, um dann das „Du" ein Loblied sein zu lassen und darin Gott für seine Größe zu preisen. Mit der Zeit werden wir feststellen, daß unser Beten sich nicht mehr nur auf den Verstand beschränkt. Unser Gebet wird allumfassend: Es umfaßt unser ganzes Sein, wie wir vor Gott stehen und zu ihm hingezogen werden. In diesem Gebet erhält das „Ich" eine Richtung, einen Sinn, einen Zweck, einen Gott: das „Du" Gottes.

- Nehmen Sie eine angenehme Haltung ein … Schließen Sie Ihre Augen … beruhigen Sie sich …
- Machen Sie eine der Entspannungsübungen …
- Spüren Sie, wie der Heilige Geist in Ihnen wirkt … Bitten Sie ihn, Sie im Gebet zu führen …
- Werden Sie sich Ihres Atmens bewußt … achten Sie dabei auf alle Empfindungen in Ihrer Nase … Beobachten Sie, wie die Luft ein- und ausströmt …
- Versammeln Sie in Ihrer Vorstellungskraft Ihre Familie um sich, Ihre Freunde oder Ihre Mitarbeiter, oder für wen auch immer Sie beten wollen; nehmen Sie sie mit, und gehen Sie hin zum Herrn … Sie stehen vor dem Herrn und sagen einfach „Wir", wenn Sie einatmen, und „Du" beim Ausatmen … „Wir-Du" … Sagen Sie das mehrmals … Verbleiben Sie nicht in Gedanken beim „Wir", wer auch immer das sein mag, sondern konzentrieren Sie sich auf das „Wir-Du" bei jedem Atemzug … Seien Sie sich Ihrer Atmung bewußt …
- Öffnen Sie nun langsam Ihre Augen, und beenden Sie Ihr Gebet.

Empfangen um zu geben

Wenn wir einatmen, erhalten wir etwas bzw. nehmen etwas in uns auf, um es dann wieder durch das Ausatmen weiterzugeben. Schauen wir unsere menschliche Existenz an, alles, was wir haben, und alles, was wir empfangen haben – Leben von unseren Eltern, unsere Erziehung von unseren Eltern, Lehrern und der Kirche. Die Begegnungen mit anderen Menschen bereichern uns auf geistige und emotionale Weise.

Unser gesamtes Sein beruht darauf, daß wir Empfangende sind.

Dasselbe gilt für unser Christsein: Wir haben die Sakramente, Gaben Gottes, empfangen. Wir sind immer wieder diejenigen, die etwas empfangen.

Mit all den Gaben, Talenten und Gnaden, die uns gegeben werden, erhalten wir aber auch eine bestimmte Verantwortung. Wir haben all das empfangen, um es Gott in Lob und Dank wieder zurückzugeben, aber auch, um unsere Fähigkeiten einzusetzen im Dienst an unseren Mitmenschen. Wir dürfen unsere Talente nicht verstecken oder sie ungenützt liegen lassen. Wir haben sie empfangen, um sie weiterzugeben.

Gerade unsere menschliche und christliche Existenz ist es, worüber wir beim Ein- und Ausatmen nachdenken. Wir nehmen etwas in uns auf, um es dann wieder weiterzugeben. So können wir in aller Stille unserem Atem zuhören. Bei jedem Atemzug sagen wir: „Ich empfange"; und wenn wir ausatmen: „Um zu geben". Auf diese Weise werden wir erkennen, daß wir in unserem gesamten Leben Empfangende und Gebende sind.

- Nehmen Sie eine angenehme Haltung ein … Schließen Sie Ihre Augen … Beruhigen Sie sich …
- Machen Sie eine der Entspannungsübungen …
- Spüren Sie, wie der Heilige Geist in Ihnen wirkt … Bitten Sie ihn, Sie im Gebet zu führen …
- Werden Sie sich Ihres Atmens bewußt … Achten Sie dabei auf alle Empfindungen in Ihrer Nase … Beobachten Sie, wie die Luft ein- und ausströmt …
- Werden Sie sich einiger der Dinge bewußt, die Sie erhalten haben, von Menschen, von Gott …

- Sie wissen, daß Sie diese Gaben nicht erhalten haben, um sie aufzubewahren oder sie zu verbergen, sondern um sie zurückzugeben an Gott, den Geber, oder sie weiterzugeben an andere …
- Seien Sie sich beim Einatmen bewußt, daß Sie etwas empfangen … und beim Ausatmen, daß Sie empfangen, um es weiterzugeben … In aller Ruhe denken Sie daran: Sie empfangen, um weiterzugeben … Konzentrieren Sie sich darauf … Empfangen, um weiterzugeben …
- Öffnen Sie nun langsam Ihre Augen, und beenden Sie Ihr Gebet.

Alles Böse fort von mir, Christus, bleibe du in mir!

Viele Atemtherapeuten sind der Meinung, man solle eine Atemübung stets mit dem Ausatmen beginnen. Wenn wir alle Luft ausatmen, atmen wir ganz von selbst tief ein: Viele „Gurus“ und Lehrer der fernöstlichen Meditationsmethoden schließen sich dem an. Eines ist sicher: Wenn wir wollen, daß Gott uns ausfüllt, müssen wir zuerst einmal als leere Gefäße vor ihn hintreten. Das bedeutet, daß wir alle Ängste, Spannungen und Sorgen aus uns herausatmen müssen. Sind nicht gerade unsere Spannungen oft ein Zeichen dafür, daß wir innerlich etwas nicht loslassen können, ja, daß wir oft sogar von etwas beherrscht werden? Darum müssen wir beim Ausatmen uns von unserem alten Selbst lösen, so daß wir beim Einatmen ein neuer Mensch werden können. Beim Ausatmen befreien wir uns nun von allem, was uns unfrei macht, um beim Einatmen mit Gottes Ruhe, seinem Frieden, seiner Größe und seiner Kraft erfüllt zu werden. Es gibt genügend passende kurze Gebetsworte, die auch mit unserem

Atemrhythmus in Einklang stehen, wie zum Beispiel dieses kleine Gebet: „Alles Böse fort von mir – Christus, bleibe du in mir."

- Setzen Sie sich bequem hin … Schließen Sie Ihre Augen … Beruhigen Sie sich …
- Machen Sie eine der Entspannungsübungen …
- Seien Sie sich bewußt, daß Sie hier sind, um zu beten.
- Bitten Sie den Heiligen Geist, er möge Sie durch das Gebet führen …
- Sie erkennen mögliche Spannungen in sich, etwaige negative Gedanken und Ursachen für Ihre Unfreiheit … Vielleicht gibt es etwas, das Sie behindert und hemmt … das Sie umklammert … Sie sehnen sich danach, frei zu sein von all diesen inneren Fesseln … Sie beschließen loszulassen, sich zu lösen … sich von allem Negativen zu befreien, damit Sie von Gottes Frieden und seiner Liebe erfüllt werden können …
- Drücken Sie Ihre Sehnsucht danach durch ihr Atmen aus … Befreien Sie sich beim Ausatmen von allem, was Sie bedrückt und hemmt … „Alles Böse fort von mir" … und atmen Sie Gott ein, seine Liebe, seinen Frieden, seine Kraft … „Christus, bleibe du in mir".
- Konzentrieren Sie sich einfach auf Ihr Ein- und Ausatmen … als körperlichen Ausdruck dessen, nach was sich Ihre Seele sehnt …
- Öffnen Sie nun langsam Ihre Augen, und beenden Sie Ihr Gebet …

Sterben und auferstehen

Über den Text im Kapitel 6, Vers 3 im Brief des Paulus an die Römer ist viel geschrieben und nachgedacht worden; die Diskussion darüber geht auch heute noch weiter. Wir können diese Stelle schneller und besser verstehen, wenn wir diese Worte beten und darüber meditieren. Betrachten wir die Hauptaussage; den Rest überlassen wir dem Heiligen Geist. Achten wir beim Ausatmen auf das Wort „sterben", beim Einatmen auf das Wort „auferstehen". Selbstverständlich werden wir zuerst darüber nachdenken, was „sterben" für uns bedeutet: Sterben, das heißt, mich loslösen von allem, was mich daran hindert, frei zu sein für Gott, somit mich selbst und meine Eigenmächtigkeit aufzugeben.

Dasselbe gilt für das Wort „auferstehen". Was bedeutet es für mich? Es beinhaltet Macht, Kraft, Freude und ein vollkommen neues Leben. In dieser Gebetsform können wir die körperliche und seelische Erfahrung machen, wie dieses neue Leben, diese Kraft und diese Freude Gottes in uns hineinströmen und uns ausfüllen.

- Setzen Sie sich bequem hin … Schließen Sie Ihre Augen … Beruhigen Sie sich …
- Machen Sie eine der Entspannungsübungen …
- Seien Sie sich bewußt, daß Sie hier sind, um zu beten … Bitten Sie den Heiligen Geist, er möge Sie durch das Gebet führen …
- In Paulus' Brief an die Römer (6,3 ff) heißt es: „Wißt ihr denn nicht, daß wir alle, die wir auf Christus getauft wurden, auf seinen Tod getauft

sind? Wir wurden mit ihm begraben durch die Taufe auf den Tod; und wie Christus durch die Herrlichkeit des Vaters von den Toten auferweckt wurde, so sollen auch wir als neue Menschen leben. Wenn wir nämlich ihm gleich geworden sind in seinem Tod, dann werden wir mit ihm auch in seiner Auferstehung vereinigt sein."

- Atmen Sie bewußt ... Achten Sie darauf, wie Sie ein- und ausatmen ... Spüren Sie die unscheinbarste Empfindung ...

- Folgen Sie den Gedanken des Apostels Paulus über das Sterben und Auferstehen ... Vielleicht denken Sie zuerst darüber nach, was der Begriff Sterben für Sie bedeutet ... Das Sterben als Befreiung von allem, was Sie auf dem Weg zu Gott behindert ... Doch denken Sie nicht zu angestrengt nach ... Denken Sie einfach nur an „Sterben", wenn Sie ausatmen – und wenn Sie einatmen, an „Auferstehen" ... Auferstehen kann vieles bedeuten: die Verheißung eines neuen Lebens ... ein vollkommen neues Leben ... Atmen Sie einfach ein und denken Sie an das Auferstehen ... Fühlen Sie, wie dieses neue Leben, Gottes Kraft und Freude Ihren Körper ausfüllen ...

- Öffnen Sie langsam Ihre Augen, und beenden Sie Ihr Gebet.

Viertes Kapitel

Das Ein-Wort-Gebet

HINFÜHRUNG

Die ersten christlichen Mönche lebten im dritten Jahrhundert als Einsiedler in der Wüste südlich des Nildeltas und wurden die „Wüstenväter" genannt. Ab und zu kamen junge Männer zu ihnen, um von ihnen zu lernen und ihre Schüler zu werden. Diese jungen Männer betrachteten die Mönche als ihre Väter und nannten sie „Abba", weil sie alt und weise waren und wie Heilige in Gottes Nähe lebten.

Eines Tages kam ein junger Mann zu Abba Petrus und fragte ihn: „Was muß ich tun, um gut zu beten?" Der Abba antwortete ihm: „Du hast doch ein Psalmenbuch, nicht wahr? Du kannst auch viele der Psalmen. Hast du vielleicht für einen davon eine Vorliebe? Einen, den du gerne beten würdest?"

Der junge Mann antwortete: „Ja, Vater, ich habe einen solchen Psalm." Abba Petrus fuhr fort: „Und enthält vielleicht dieser Psalm einen besonderen Vers, einen, der dich vor allen anderen anspricht?" „Ja, Vater", war die Antwort. „Gut, dann mache diesen Vers zu deinem Gebet." Der junge Mann wandte ein, diesen kurzen Vers habe er schnell gebetet. „Bete den Vers eine Stunde lang, und komm dann zurück zu mir", gab ihm der Mönch zur Antwort.

Natürlich verwirrte dies den jungen Mann ziemlich. Doch er tröstete sich mit dem Gedanken: „Ich werde es versuchen!" Er ging und betete seinen Vers. Nach einer Stunde kam er zu Abba Petrus zurück und sagte: „Eine Stunde lang habe ich jetzt diesen Vers gebetet. Was nun?" Abba Petrus erwiderte darauf: „Nimm weiterhin diesen Vers als dein Gebet. Bete ihn den ganzen heutigen Tag und komme morgen wieder her."

Der junge Mann war sprachlos, doch da er Abba Petrus als seinen geistigen Führer gewählt hatte, beschloß er, dessen Rat anzunehmen, obwohl er am Sinn dieses Ratschlags zweifelte.

Am nächsten Tag sagte Abba Petrus, er solle diesen Vers eine ganze Woche lang beten. Der junge Mann zwang sich dazu, den Vers eine ganze Woche lang zu beten. Dann kam er zum alten Mönch zurück und fragte: „Kann ich diesen Vers als mein Gebet beibehalten?" Der Mönch nickte wissend und sagte: „Wenn du gut beten willst, genügt es, daß du diesen Vers für dein weiteres Leben immer wieder betest."

Diese Geschichte offenbart uns einige Wahrheiten:

1. Die Gebetsform, die auf der Wiederholung eines kurzen Satzes oder eines Wortes beruht, ist Teil einer uralten Gebetstradition der Kirche. Wir wissen, daß zahlreiche Männer und Frauen in der Geschichte der Kirche tatsächlich ihr ganzes Leben mit dem Beten von Ein-Wort-Gebeten verbracht haben.
2. Diese Geschichte zeigt auch, daß uns zuerst der Gedanke eines solchen Betens sinnlos erscheint, beinahe verrückt. Man muß sich immer wieder dazu zwingen, zu diesem einen Gedanken oder Wort zurückzukehren, wenn man abgelenkt wird. Gelingt uns das, werden wir diese Art des Betens schätzen lernen. Wir werden erkennen, daß diese

Form einen sehr tiefen Sinn hat, der trotz der vielen Wiederholungen nichts von seiner Bedeutung einbüßt. Der Sinn dieses Gebetes wird sich mehr und mehr in unsere Herzen einprägen.

3. Das Ein-Wort-Gebet ist eine Gebetsform, die uns unvorstellbare Höhen und Tiefen in unserem geistigen Leben erfahren läßt.

Dadurch, daß die Konzentration auf das Wort oder den Satz allmählich unsere umherirrenden Gedanken im Zaum zu halten vermag, kann dieses Gebet uns eine besondere Art der Seelenruhe schenken. Dieses Gefühl von Frieden wird bald auch unsere anderen Gefühle durchdringen – und allmählich wird unser ganzes Sein Frieden finden. Doch lassen Sie sich nicht davon beirren, wenn sich dieser Friede nicht sofort einstellt. Das Ziel dieses Gebetes ist es nicht, Frieden zu finden, sondern zu beten, und Frieden ist nur eine der Wirkungen des Gebets. Der innere Frieden wird sich langsam, aber sicher einstellen.

ÜBUNGEN

Du bist mein Glück und meine Freude

- Setzen Sie sich bequem hin ... Schließen Sie Ihre Augen ... Beruhigen Sie sich ...
- Machen Sie eine der Entspannungsübungen ...
- Holen Sie ein- oder zweimal tief Atem ... Atmen Sie dann in Ihrem normalen Rhythmus weiter ...

Seien Sie sich Ihrer Atmung bewußt, ohne sie beeinflussen zu wollen ... Denken Sie dann nicht mehr daran ...

- Bitten Sie den Heiligen Geist, er möge Sie durch das Gebet führen ...
- Erinnern Sie sich an eine bestimmte Situation in Ihrem Leben, in der Sie eine große Freude empfanden ... Erleben Sie sie in Gedanken noch einmal ...
- Stellen Sie sich vor, der Herr ist auch dabei ... Er freut sich mit Ihnen, er freut sich sehr ... Er strahlt vor Freude ...
- Der Herr kommt zu Ihnen und sagt: „Du bist mein Glück und meine Freude ... Du bist mein ein und alles; ich liebe dich so sehr“ ... Hören Sie diese Worte, wie er Sie zu Ihnen sagt, immer wieder ... Sagen Sie sie zu sich selbst ... Machen Sie kleine Pausen dazwischen, um mit Ihrem Herzen den vollen Sinn dieser Worte aufzunehmen und sich berühren zu lassen ... Versuchen Sie, sich nicht ablenken zu lassen, bleiben Sie bei diesem Satz: „Du bist mein Glück und meine Freude“ ... Fügen Sie Ihren Namen ein ... Konzentrieren Sie sich darauf ... Lassen Sie einfach diese Worte tief in sich hineinsinken ...
- Sobald es Ihnen gut erscheint, kommen Sie an das Ende Ihres Gebets, und danken Sie Gott ...
- Öffnen Sie langsam Ihre Augen, und beenden Sie Ihr Gebet.

Ich glaube, Herr; hilf meinem Unglauben (*Markus 9,24*)

- Setzen Sie sich bequem hin … Schließen Sie Ihre Augen … Beruhigen Sie sich …
- Machen Sie eine der Entspannungsübungen …
- Holen Sie ein- oder zweimal tief Atem … Atmen Sie dann in Ihrem normalen Rhythmus weiter … Seien Sie sich Ihrer Atmung bewußt, ohne sie beeinflussen zu wollen … Denken Sie dann nicht mehr daran …
- Bitten Sie den Heiligen Geist, er möge Sie durch das Gebet führen …
- Erinnern Sie sich an eine Zeit, in der Ihr Glaube sehr auf die Probe gestellt wurde, als Sie ratlos, entmutigt und verzweifelt waren … als Sie Ihren Glauben und Ihr Vertrauen in die Güte, Kraft und Weisheit des Herrn dringend brauchten … Denken Sie ein wenig darüber nach, und versuchen Sie, diese Erfahrung nachzuerleben …
- Denken Sie an die Worte des verzweifelten Vaters angesichts seines schwerkranken Kindes: „Ich glaube, Herr, hilf meinem Unglauben!" … Sprechen Sie diese Worte zuerst mit Ihren Lippen, dann mit Ihrem Herzen … Lassen Sie sie tief aus Ihrem Inneren kommen: Hören Sie sie … Denken Sie an nichts sonst, nur an die Worte, die Sie sprechen … Konzentrieren Sie sich auf diesen Satz … Lassen Sie diese Worte durch die ständige Wiederholung tief in sich hineinsinken …
- Sobald Sie möchten, lassen Sie Ihr Gebet ausklingen, und danken Sie Gott …

Herr, du bist für mich am Kreuz gestorben

- Setzen Sie sich bequem hin … Schließen Sie Ihre Augen … Beruhigen Sie sich …
- Machen Sie eine der Entspannungsübungen …
- Holen Sie ein- oder zweimal tief Atem … Atmen Sie dann in Ihrem normalen Rhythmus weiter … Seien Sie sich Ihrer Atmung bewußt, ohne sie beeinflussen zu wollen … Denken Sie dann nicht mehr daran …
- Bitten Sie den Heiligen Geist, er möge Sie durch das Gebet führen …
- Denken Sie eine Zeit lang über die Kreuzigung nach … Sie wissen, es ist aus Liebe zu Ihnen geschehen … Das war das Zeichen, der Beweis seiner Liebe …
- Reagieren Sie darauf, indem Sie sagen: „Herr, du bist aus Liebe zu mir gestorben" … Wiederholen Sie diese Worte … Lassen Sie sie tief in Ihr Herz sinken … Vielleicht wollen Sie sie nach einiger Zeit abkürzen und ihre Aussage in wenige Worte fassen: „Aus Liebe zu mir" … „gestorben" … Wiederholen Sie diese Worte, so oft Sie können … Lassen Sie sich nicht ablenken …
- Sobald Sie möchten, lassen Sie Ihr Gebet ausklingen, und danken Sie Gott …
- Öffnen Sie langsam Ihre Augen, und beenden Sie Ihr Gebet.

Du bist mein Hirte

- Setzen Sie sich bequem hin … Schließen Sie Ihre Augen … Beruhigen Sie sich …
- Machen Sie eine der Entspannungsübungen …
- Holen Sie ein- oder zweimal tief Atem … Atmen Sie dann in Ihrem normalen Rhythmus weiter … Seien Sie sich Ihrer Atmung bewußt, ohne Sie beeinflussen zu wollen … Denken Sie dann nicht mehr daran …
- Bitten Sie den Heiligen Geist, er möge Sie durch das Gebet führen …
- Stellen Sie sich einen Hirten mit seinen Schafen vor … Sie sehen die Fürsorge, die Geborgenheit und die Liebe, die der Hirte seinen Schafen gibt …
- Übertragen Sie nun dieses Bild auf Jesus, den guten Hirten … Er gibt sein Leben für seine Schafe … Er verläßt seine Herde nie …
- Sagen Sie zu Jesus: „Du bist mein Hirte, ich fürchte kein Unheil" … Sagen Sie diesen Satz wiederholt, zuerst klar und deutlich, und achten Sie auf jedes einzelne Wort … Kürzen Sie den Satz dann auf einige wenige sinntragende Worte … Fügen Sie auch längere und kürzere Pausen zwischen den Worten ein … Die Geborgenheit, die diese Worte vermitteln, umhüllt Sie weich und tröstend … Lassen Sie sich nicht ablenken, kehren Sie immer wieder zu dieser Betrachtung zurück … Konzentrieren Sie sich auf „Jesus, du bist mein Hirte, ich fürchte kein Unheil" …

- Sobald Sie möchten, lassen Sie Ihr Gebet ausklingen, und danken Sie Gott ...
- Öffnen Sie langsam Ihre Augen, und beenden Sie Ihr Gebet.

Marána tha, komm, Herr Jesus, komm! (1 Kor 16,22)

- Setzen Sie sich bequem hin ... Schließen Sie Ihre Augen ... Beruhigen Sie sich ...
- Machen Sie eine der Entspannungsübungen ...
- Holen Sie ein- oder zweimal tief Atem ... Atmen Sie dann in Ihrem normalen Rhythmus weiter ... Seien Sie sich Ihrer Atmung bewußt, ohne sie beeinflussen zu wollen ... Denken Sie dann nicht mehr daran ...
- Bitten Sie den Heiligen Geist, er möge Sie durch das Gebet führen ...
- Wenn Sie sich innerlich leer und einsam fühlen, oder wenn Sie eine große Sehnsucht nach dem Herrn verspüren, sagen Sie einfach: „Marána tha, komm, Herr Jesus, komm" ... Wiederholen Sie diese Worte langsam ... immer wieder ... Lassen Sie sich nicht ablenken, konzentrieren Sie sich auf „Marána tha" ...
- Sobald Sie möchten, lassen Sie Ihr Gebet ausklingen, und danken Sie Gott ...
- Öffnen Sie langsam Ihre Augen, und beenden Sie Ihr Gebet.

Der Meister ist hier und läßt dich rufen (Joh 11, 28)

- Setzen Sie sich bequem hin … Schließen Sie Ihre Augen … Beruhigen Sie sich …
- Machen Sie eine der Entspannungsübungen …
- Holen Sie ein- oder zweimal tief Atem … Atmen Sie dann in Ihrem normalen Rhythmus weiter … Seien Sie sich Ihrer Atmung bewußt, ohne sie beeinflussen zu wollen … Denken Sie dann nicht mehr daran …
- Bitten Sie den Heiligen Geist, er möge Sie durch das Gebet führen …
- Stellen Sie sich die Szene vor, in der Martha zu Maria kommt und ihr sagt: „Der Meister ist hier und läßt dich rufen" … Sagen Sie diese Worte mehrmals, wiederholen Sie sie, so oft Sie mögen … Versuchen Sie, nicht müde zu werden … Lassen Sie sich auch nicht ablenken, so schwer das auch manchmal ist …
- Fügen Sie nach Ihrem eigenen Empfinden Pausen zwischen den Wiederholungen ein … Oder kürzen Sie den Satz auf ein, zwei Worte … Nehmen Sie sie auf in Ihr Herz, und verweilen Sie dabei …
- Sobald Sie möchten, lassen Sie Ihr Gebet ausklingen, und danken Sie Gott …
- Öffnen Sie nun langsam Ihre Augen, und beenden Sie Ihr Gebet.

Fünftes Kapitel

Das Gebet und die Vorstellungskraft

HINFÜHRUNG

Nach über zwanzig Jahren als Missionar in Borneo kam ich in die USA zu einem Kurs für geistliche Erneuerung. Im Laufe dieses Kurses erlebte ich so manches, was mir bis dahin völlig unbekannt war.

Eines Tages wurden wir nach einigen Entspannungsübungen dazu aufgefordert, uns hinzulegen und ganz ruhig so liegen zu bleiben. Wir sollten uns dann eine Wiese vorstellen, eine Blumenwiese, und all die wilden Blumen und Gräser in ihrer Schönheit betrachten. Schließlich sollten wir uns eine Blume aussuchen. Jeder von uns betrachtete seine Blume im Geiste von allen Seiten, und wir stellten uns sogar vor, sie zu spüren und zu riechen. Dann aber sollten wir uns vorstellen, selbst diese Blume zu sein. Ziemlich lange versetzten wir uns in das Wesen der Blumen. Schließlich durften wir wieder wir selbst sein und beendeten allmählich die Meditationsübung. Danach trafen wir uns in Gruppen und berichteten einander von unseren Erfahrungen. Ich war erstaunt, was manche Personen erlebt und als Blume empfunden hatten! Kaum einer hatte dieselbe Blume gewählt; der eine hatte sich eine kleine, der andere eine große ausgesucht, der eine eine wunderschöne Blüte, der andere ein schlichtes, bescheidenes Pflänzchen.

Anfangs war ich dennoch mit dieser Übung absolut nicht einverstanden gewesen. Ich empfand derartiges als eine regelrechte Zumutung, war ich doch nicht hergekommen, um mich an solch verstiegenen Spielereien zu beteiligen, sondern um ernsthafte geistliche Erneuerung zu erlernen. Dementsprechend machte diese erste Übung zunächst wenig Eindruck auf mich, doch beschloß ich zu bleiben, denn wenn die anderen so viel darin erfahren konnten, warum sollte es mir dann nicht auch möglich sein?

Zum Glück machten wir im Laufe des Kurses viele solcher Ausflüge und stellten uns dabei auch die freudigen und traurigen Erfahrungen unseres Lebens vor. Und niemand kann sagen, wieviel an Heilung und Ganzwerdung aus diesen Meditationen heraus entstand. Ich selbst kam jedenfalls als ein viel ausgewogenerer Mensch mit einer erheblich bewußteren Einstellung dem Leben gegenüber zurück, und nie mehr werde ich solche Meditationsformen als sinnlos zurückweisen.

Wenn so ein starkes Nach-Erleben vergangener Freuden und Sorgen in der Vorstellungskraft schon so große Heilung und Genesung bewirken kann, um wievieles größer müßte doch der Nutzen sein, den wir aus dem Nach-Erleben einer Szene aus der Bibel, etwa einer Heilung durch Christus, für unser Leben ziehen könnten! Dazu brauchen wir allerdings die Gnade Gottes. Doch wenn wir uns aufrichtig um diese Gnade bemühen und uns dafür öffnen, wird Gott sie uns nicht verweigern.

Geschichtlicher Hintergrund

In seinem mystischen Traktat „Der Lebensbaum" schreibt der Kirchenlehrer Bonaventura zur biblischen Erzählung von den Weisen aus dem Morgenland: „Auch du, meine Seele, geselle dich zu den drei Heiligen und bete mit ihnen an den in der Krippe liegenden demütigen Gott".

Diese Wendung „auch du, meine Seele" wird bei Bonaventura fortwährend wiederholt und kommt beinahe in jedem Kapitel vor. So sagt er: „Frohlocke auch du, meine Seele, mit dem greisen Simeon und der hochbetagten Anna", oder „Begleite auch du, meine Seele, deinen Heiland zur Tauf am Jordan", oder „Erforsche auch du, meine Seele, an der Seite des guten Meisters die Geheimnisse der Wüste".

Hier beschreibt Bonaventura eine Art des Gebetes, die wir heute Ignatius von Loyola zuschreiben. Sie besteht darin, uns in die Ereignisse der Zeit Jesu hineinzuversetzen und sie in unserer Vorstellungskraft nachzuerleben, so daß wir daraus geistigen Nutzen ziehen können.

Die lebhaft empfindende Vorstellungskraft kommt hier zum Tragen, um die gewählte Szene aus der Bibel so realistisch wie möglich nachzuerleben, so daß wahre Sorge und wahre Freude wirklich nachempfunden werden können.

Diese Gebetsweise ist sehr alt; sie geht zurück auf mindestens das erste Jahrtausend v. Chr. Jedes Jahr veranstalteten die Israeliten ein Fest im Gedenken an die Wunder, die der Herr für sie gewirkt hatte. Diese jährlichen Feiern waren für das israelitische Volk nicht nur ein Erinnern, sie wurden stets zu einem wahren Mit- und Nacherleben der alten Geschichte. Dieser Gedanke wurde später vom frühen Mönchtum übernommen und entfaltete sich dann in den abendländischen Klöstern des Mittelalters.

Ganz besonders der heilige Franziskus wandte diese Form des Betens an. So war Christus für ihn der Herr, der sogar schon als Kind vom Schoß seiner Mutter aus herrscht, wie es auf vielen Gemälden und Skulpturen dargestellt ist. Für Franziskus war Jesus jedoch auch das göttliche Kind, dessen menschliche Geburt er in seiner Vorstellungskraft sehr realistisch miterleben konnte. Dieses Kind hatte seine Arme in Greccio nach ihm, dem Bettler von Assisi, ausgestreckt, um von ihm geherzt und geküßt zu werden. Auch war Christus für Franziskus der König, der Ehrfurcht und Respekt einflößte. Doch war er zugleich auch der einfache, arme Mann auf den Straßen von Palästina, dem Franziskus nachfolgen und gleichwerden konnte. Er durfte die Wundertaten Jesu miterleben, mit ihm im Ölgarten wachen und trauern, ihn auf dem Kreuzweg begleiten. Und er teilte die Leiden Christi auf seinem Kreuzweg so sehr, daß er auf dem Berg Alverna die Stigmata empfing und so leiblich zum Mitleidenden wurde.

Diese Form des Betens verbreitete sich rasch, vor allem, nachdem Ignatius von Loyola sie in sein erfolgreiches Exerzitienbuch „Die Geistlichen Übungen" aufnahm. Allerdings büßte sie in späteren Jahren etwas an Beliebtheit ein, als eine mehr rationale Schriftbetrachtung in den Vordergrund trat; doch ist sie nie ganz vergessen worden. Denken wir nur an die Krippen- und Passionsspiele, die heute genauso beliebt sind wie früher. Auch Kinder spielen im Religionsunterricht oder in der Kirche gerne Szenen aus dem Leben Jesu nach. Und auch heutzutage stürzen sich viele Menschen nicht in irgendwelche intellektuellen Betrachtungen eines Textes, sondern leben die Szenen in ihrer Vorstellungskraft häufig besonders intensiv mit.

Wenn in den Evangelien von der erlösenden Begegnung kranker oder geplagter Menschen mit Jesus berichtet wird, bestand diese Begegnung nicht nur in einem körperlichen Zusammentreffen und ist auch nicht sozusagen als erfolgreicher Arztbesuch zu verstehen. Die Begegnung fand auf einer viel tieferen Ebene statt und spielte sich in erster Linie in den Herzen dieser Menschen ab. Die Evangelien erzählen uns nur vom äußeren, körperlichen Geschehen, doch was mit diesen Menschen wirklich vor sich ging, weiß niemand.

Wie aber erfahren wir die eigentliche Bedeutung dieser Ereignisse aus dem Neuen Testament? Zwar können wir versuchen, sie durch Nachdenken zu entschlüsseln, doch ist uns das nur bis zu einem bestimmten Grad möglich. Der Verstand stößt hier an seine Grenzen. Wir können über diese Grenzen gelangen, wenn wir nicht mehr nur nachdenken, sondern uns in die Ereignisse förmlich hineinleben, wenn wir selbst ein lebendiger Teil davon werden. Dann wird es uns gelingen, mit all dem das Geschehen zu begreifen, das jenseits des Verstandes liegt: mit dem Herzen, den Gefühlen, unseren inneren Sinnen und mit unserer Fähigkeit, die versteckten Tiefen unseres Seins zu erfahren.

Die Botschaft oder die Wahrheit, die die Evangelisten uns übermitteln wollen, ist meist eingebettet in eine greifbare, geschichtliche Hülle. Zuerst schauen wir auf die Hülle, dann beginnen wir, sie zu durchdringen und zum Kern des Geschehens vorzustoßen, bis wir mitleben und am Ereignis teilhaben können. Wir arbeiten uns vom Äußeren langsam nach innen und versenken uns tiefer und tiefer in die wahre Botschaft. Das Schöne daran ist, daß Gott uns auf diese Weise zum Kern seiner Botschaft führt und uns mit Erkenntnis und Weisheit füllt, ohne daß wir dazu besondere Kenntnisse der Heiligen Schrift haben müßten. Gott hat uns neben unserem Verstand viele andere Fähigkeiten mitgegeben. Er hat uns mit äußeren und inneren Sinnen ausgestattet. Dazu gehört auch unsere Vorstellungskraft. Mit unserer Vorstellungskraft können wir vieles vor unserem geistigen Auge erstehen lassen, mit unseren inneren Sinnen können wir uns Situationen, Menschen und Ereignisse vergegenwärtigen. Das lateinische Wort für Bild oder Vorstellung ist „imago", weshalb wir unsere Vorstellungskraft auch die Fähigkeit zur „Imagination" nennen. Nicht alle haben eine gleich starke Imaginationsfähigkeit. Manche Menschen besitzen eine ausgeprägtere und weiter entwickelte Imagination als andere. Letztlich besitzt aber jeder Mensch diese Fähigkeit, und jeder kann sie sich zunutze machen.

Sie erlaubt uns zwei Möglichkeiten der Anwendung, denn sie ist sowohl empfindsam als auch schöpferisch: Durch die *empfindsame Imagination* können wir uns vollkommen in eine Szene oder in einen Menschen hineinversetzen. Wir können sehen, hören, sprechen, tasten, spüren, schmecken und riechen, zwar nicht mit unseren äußeren Sinnen, aber mit unseren inneren, mit denen uns manchmal sogar mehr möglich ist als mit unseren Körpersinnen. *Die schöpferische Imagination* läßt uns Neues erfinden und alte Bilder aus unserem Gedächtnis neu kombinieren. Alles Material dazu wird vom Gedächtnis geliefert. Die Imagination trifft eine Auswahl der Bilder, um sie dann je nach unseren Bedürfnissen zusammenzustellen und anzuordnen. Darum kann das neue Bild der

Imagination entweder dem Original vollkommen entsprechen oder etwas gänzlich anderes sein. Das objektive Material der Imagination kann sowohl ein Mensch, ein Gegenstand oder ein Symbol sein als auch eine Geschichte oder ein vergangenes Ereignis.

Was können wir also mit unserer Imagination tun? Welches sind die wichtigsten Gebetsformen der Vorstellungskraft?

Die erste ist die sogenannte *„Projektion"*, die Vergegenwärtigung. Mit Hilfe der Imagination überwinden wir Zeit und Raum und versetzen uns zurück in das Ereignis, als wären wir damals und dort wirklich gegenwärtig gewesen. Wir sind heute anwesend bei dem, was damals geschehen ist, als würde es im Hier und Jetzt vor sich gehen. Mit Hilfe der Imagination können wir das Ereignis auf eine realistische Weise nacherleben. Wir fühlen Freude, Sorge, Trauer und Mut ganz so, als befänden wir uns mitten im Geschehen. Unsere inneren Sinne ersetzen die äußeren, und unser ganzes Wesen ist daran beteiligt. Wir sind nicht nur Zuschauer, sondern nehmen konkret am Ereignis teil. Ignatius von Loyola sagt in seinen „Geistlichen Übungen" bei der Betrachtung der Geburt Jesu: „Als ob ich dabei gegenwärtig wäre, mache ich mich zu einem armseligen kleinen Knecht, der sie anstaunt und betrachtet und in ihren Nöten bedient, mit der größtmöglichen Ehrfurcht und Ergebenheit. Dann will ich mich in mir selbst besinnen, um einigen Nutzen daraus zu ziehen."

Die zweite Gebetsform ist die *„Transponierung"*, das heißt, ich will ganz dabei sein. Zum Beispiel kann ich mir vorstellen, wie Jesus jetzt in mein Zimmer kommt und zu mir sagt: „Ich liebe dich – liebe du mich auch." Ich höre seine Worte, ich höre, wie er mich beim Namen ruft. Ich kann ihn sehen, wie er neben mir steht, oder ich kann fühlen, wie er seine Hand auf meine Schulter legt.

Die dritte Weise ist die *„Identifikation"*. In unserer Vorstellung können wir uns mit den verschiedensten Gestalten aus den Geschichten und Ereignissen z. B. der Schrift identifizieren. Wir können uns mit Petrus identifizieren, wie er im Wasser versinkt und nach Jesus schreit, oder wir können uns in die Lage der armen Ehebrecherin versetzen. Wir können uns vorstellen, daß wir einer der Menschen sind, denen Jesus begegnet und hilft. Wir erleben alles, wie es bei der Begegnung mit Jesus geschah. Natürlich werden wir nicht imstande sein, tatsächlich dieselben Probleme nachzuempfinden, die diese Menschen hatten, doch wir können uns vorstellen, uns in einer ähnlichen Situation zu befinden. Wir können uns zurückgewiesen, niedergeschlagen und geistig hungrig, stumm und taub oder tot unserem Glauben und Lieben gegenüber vorstellen.

Eine vierte Gebetsweise ist die der *„Phantasie"*. Mit unserer Vorstellungskraft können wir frei phantasieren, neue Situationen, Szenen und Bilder schaffen, wenn wir unserem Herzen die Freiheit zum geistigen Herumstreifen und Erforschen gewähren. Wenn wir uns ganz dem Geist Gottes überlassen, der ja nicht nur in der Bibel, sondern in unseren Herzen und in der Vorstellungskraft des gläubigen Betenden gegenwärtig ist, werden wir erfahren, wie uns diese Ausflüge, diese Wanderungen in unserer Phantasie ein hilfreicher Wegweiser zu tieferem Gebet sein können.

Die fünfte Weise schließlich ist die „*Symbolik*", die Versinnbildlichung. In unserem Imaginationsgebet können wir Symbole und symbolische Handlungen einsetzen und ihnen eine tragende Rolle in unserem inneren Leben zuweisen, weil sie ja auch für unser alltägliches Leben sehr wichtig sind. Wir können etwa in unsere Vorstellung Symbole wie Feuer, Wasser, Nahrung und Licht einbauen. Das Wasser der Taufe z. B. ist ein sehr starkes Symbol. Wir können uns vorstellen, wie das Wasser des Lebens durch unser Herz fließt und alles in uns erneuert.

Alles, was ich hier beschrieben habe, ist unserer Imaginationskraft ohne weiteres möglich. Niemand muß sich Sorgen machen, daß er keine Vorstellungskraft besitze, auch wenn er sie bisher nicht im Zusammenhang mit dem Gebet eingesetzt hat.

ÜBUNGEN

Die Heilung des Aussätzigen (*Markus 1,40–42*)

Um das Evangelium durch Betrachtung zu erleben, sollten wir uns zuerst überlegen: Wie kann ich mich mit dieser oder jener Gestalt identifizieren? Im Fall dieser Übung: mit dem Aussätzigen aus dem Markusevangelium? Es muß uns klarwerden, daß wir alle vor Gottes Größe und Reinheit in irgendeiner Weise als „unrein" gelten. Doch können wir auch einem anderen Gedanken folgen: Der Leprakranke ist ausgeschlossen von der Gemeinschaft, er ist zurückgewiesen. Er gehört nicht mehr zu den anderen. Er fühlt wie ein Mensch, der nirgends mehr hingehört, der heimatlos ist. Vielleicht kommen wir uns auch in gewisser Hinsicht heimatlos vor. Wir fühlen uns von vielem ausgeschlossen, von anderen Menschen getrennt. Der Aussätzige war sich der Angst, die die anderen vor ihm hatten, ständig bewußt. Es war die Angst, mit ihm in Berührung zu kommen. Fühlen wir manchmal nicht dasselbe? Sehen wir nicht auch oft die Vorsicht, die Angst im Gesicht eines Menschen, der uns begegnet? Er kommt zwar auf uns zu, doch wendet er sich dann ab. Kaum jemand kommt zu uns ganz ohne Angst. Wenn wir nun über dies nachdenken und es in unser Herz aufnehmen, ist es uns bestimmt ein leichtes, uns mit dem Aussätzigen aus dem Evangelium zu identifizieren.

- Lesen Sie die betreffende Bibelstelle wiederholt durch und versuchen Sie, sich mit der Geschichte, dem Platz, der Situation, den Menschen und allem übrigen bekannt zu machen. Schließen Sie dann das Buch und beginnen Sie mit Ihrem Gebet.

- Nehmen Sie eine bequeme Haltung ein … Schließen Sie Ihre Augen, und beruhigen Sie sich …

- Machen Sie eine der Entspannungsübungen …

- Seien Sie sich des Heiligen Geistes bewußt, der in Ihnen lebt und wirkt … bitten Sie ihn, Sie in dieser Gebetserfahrung zu führen und zu leiten … Ihr Herz zu öffnen …

- Stellen Sie sich nun vor, Sie seien der Aussätzige … Sie sitzen irgendwo, abseits von den Menschen … Sie fühlen sich ausgeschlossen von ihrem Leben, von ihren Interessen und Tätigkeiten …

- Was fühlen Sie in dieser Situation? … Was denken Sie? … Wie reagieren Sie? … Sind Sie zornig, niedergeschlagen oder unberührt? … Was tun Sie? …

- Schauen Sie nun auf … Eine Gruppe von Menschen kommt auf Sie zu … In ihrer Mitte ist der, von dem Sie bereits gehört haben … Jesus … Sie würden gerne näher zu ihm hingelangen – können Sie es wagen? … Was werden die Leute sagen? … Sie nähern sich ihm … Die Leute protestieren … Doch was tut er? … Wie reagiert er, Jesus, darauf? … Er steht da und schaut Sie an … Sehen Sie seinen Blick … ein Blick voll Liebe und Erbarmen: Fühlen Sie das und nehmen Sie diesen Blick ganz in sich auf … Jesu Blick umarmt Sie … Dieser Mann hat Mitleid mit mir … Andere geben mir zwar Ratschläge oder leisten Hilfe, doch dieser Mann leidet mit mir, weil er sieht, wie ich leide …

- In der Freude, die von ihm kommt, werfen Sie sich zu seinen Füßen nieder und sagen ihm: „Herr, wenn du willst, kannst du mir helfen, du kannst mich rein machen, du kannst mich aus der Isolation, aus meiner Einsamkeit und meiner Niedergeschlagenheit befreien … Wenn du willst, kannst du mich heilen und mir Frieden geben …"

- „Wenn du willst. Ich fordere nicht. Ich klage nicht. Dein Wille geschehe" … Dann warten Sie seine Entscheidung ab …

- Er kommt näher zu Ihnen … Er streckt seine Hand aus und berührt Ihre Schulter … dann legt er seine Hand auf Ihren Kopf … Was empfinden Sie? … Haben Sie je so viel Liebe und Zärtlichkeit erfahren? … Neigen Sie Ihren Kopf ein wenig, und bleiben Sie still, um lange diese heilende Hand auf Ihrem Kopf zu erleben … Bleiben Sie ruhig, und lassen Sie Jesus Sie heilen, Sie stärken und Sie lieben … Bleiben Sie ruhig, um den heilenden Jesus zu betrachten …

- Jetzt nimmt er seine Hand von Ihrem Kopf … Nicht, um Sie zu verlassen, sondern um sich hinabzubeugen zu Ihnen, Sie mit beiden Händen zu umfassen und Sie aufzuheben …

- Sie stehen vor ihm und schauen ihm ins Gesicht … Er sagt zu Ihnen: „Komm mit mir!" – „Wohin?" – „Dorthin, wo du für mich dasein solltest, bei der Arbeit, daheim, bei deinen Aufgaben." … Lassen Sie diesen Ruf Jesu auf sich wirken …

- Sagen Sie nun zu Jesus: „Ja, Jesus, ich gehe mit dir. Ich weiß, daß du mit mir gehst … Ich bin nicht mehr allein und ausgestoßen … sondern in die Gemeinschaft der Menschen aufgenommen … Du schickst mich hin zu ihnen, du begleitest mich, du, mein neuer Freund … Ich werde dich zu den Menschen bringen …"

- Sobald Sie es für richtig empfinden, kommen Sie an den Schluß Ihres Gebetes, und danken Sie Gott …

- Öffnen Sie langsam Ihre Augen, und beenden Sie Ihr Gebet.

Zachäus *(Lukas 19,1–10)*

Jesus war auf dem Weg nach Jerusalem, wo er schließlich seinen Tod finden, aber auch wieder auferstehen sollte. Auf dieser Reise ereignete sich vieles. Der letzte Vorfall trug sich in Jericho zu. Dort lebte ein Mann namens Zachäus; er war oberster Zollpächter. Die Zöllner waren zur Zeit Jesu eine verachtete Schicht. Sie bereicherten sich durch die Erhebung der Steuern für die Römer, die landesfremden Eroberer, und verrieten so ihr eigenes Land und Volk. Dirnen, Zöllner und öffentliche Sünder waren Ausgestoßene, gerade ihnen jedoch galt die Frohe Botschaft Jesu.

Jesus liebte diese Menschen, weil sie in ihrer Situation keine Heuchelei mehr brauchten und keine Forderungen mehr stellen konnten. Sie konnten es sich leisten, offen und aufrichtig zu sein, wo andere sich das nicht erlauben durften.

Gott hatte in Zachäus den Wunsch geweckt, Jesus zu sehen. Zachäus hatte keine Angst davor, sich lächerlich zu machen, denn was hatte er schon zu verlieren? Letztendlich aber hat das, was er tat, sein ganzes Leben verändert.

Der Ruf, den Jesus an die Apostel und an Zachäus richtete, gilt auch für uns. Dieser Ruf ist stets einmalig und persönlich. Vielleicht befinden wir uns in einer ähnlichen Lage wie Zachäus? Vielleicht sind auch wir Ausgestoßene wegen unserer Arbeit oder Lebensumstände? Oder vielleicht empfinden wir uns auch nur als Außenseiter. Jesus liebt uns alle. Er ruft jeden von uns, bei ihm zu sein, bei ihm daheim zu sein. Hören wir seinen Ruf? Lassen Sie uns mit Zachäus mitgehen und Jesus begegnen, wenn er in die Stadt Jericho hineinkommt.

- Lesen Sie die betreffende Bibelstelle mehrere Male durch und machen Sie sich mit dem Geschehen, den Schauplätzen, den Personen und allem übrigen bekannt. Legen Sie dann den Text beiseite und beginnen Sie Ihr Gebet.

- Suchen Sie sich eine bequeme Haltung … Schließen Sie Ihre Augen und werden Sie ganz ruhig …
- Machen Sie eine der Entspannungsübungen …
- Seien Sie sich bewußt, daß der Heilige Geist in Ihnen lebt und wirkt … Bitten Sie ihn, Sie in Ihrem Gebet zu führen und zu leiten … Sie zu öffnen und Sie zu befreien …
- Versetzten Sie sich nun nach Jericho … Stellen Sie sich die Häuser vor … die Straßen … den Verkehr … die Leute … Betrachten Sie in aller Ruhe, was Sie sehen … Was für ein Ort ist es? … klein oder groß? … sauber oder schmutzig? … alt oder neu? … Nehmen Sie das gesamte Stadtbild in sich auf …
- Lassen Sie nun die Szene lebendig werden … Sie sehen die Leute … sind viele dort? … Welche Art von Menschen sehen Sie? … Woher kommen sie? … Was sagen sie? …
- Wo sind Sie in der Menge? … Was machen Sie hier? … Warum sind Sie gekommen? … Versuchen Sie, die ganze Szene zu überblicken, aktiv daran teilzunehmen … Sie sind ein Teil des Geschehens … Was fühlen Sie? … Sprechen Sie mit jemandem? …
- Sie erkennen Zachäus … Beobachten Sie ihn genau … Was für ein Mann ist er? … Wie sieht er aus? … Was macht er? … Beobachten Sie die Leute, wenn er sich seinen Weg durch die Menge bahnt und auf einen Baum klettert … Was sagen sie? … Was halten Sie von diesem Mann? …
- Es gerät Bewegung in die Menge! … Jesus

kommt! ... Wo sind Sie? ... Können Sie Jesus sehen? ... Wie sieht er aus? ... Wie benimmt er sich? ... Spricht er, winkt er, lächelt er, oder macht er ein ernstes Gesicht? ... Beobachten Sie die Szene genau ... Betrachten Sie Jesus ...

- Jesus gelangt nun zu dem Baum, auf dem Zachäus sitzt ... Was tut Jesus? ... Hören Sie ihn sprechen ... Was sagt er? ... Wie klingt seine Stimme? ... Und wie reagiert Zachäus? ... Wie reagieren die Leute um sie herum? ... Beobachten Sie sie! ... Sind sie glücklich? ... Ist Zachäus glücklich? ...

- Sie haben nun das Haus des Zachäus erreicht ... Auch Sie sind eingeladen ... Beruhigen Sie sich, schauen Sie sich um ... Achten Sie auf alle Menschen und Dinge im Haus ... Wer sind all die Gäste? ... Wo sitzt Jesus? ... Wo sitzen Sie? ...

- Was wird in dieser Zeit gesprochen? ... Spricht Jesus? ... Was sagt er? ... Spricht Zachäus? ... Wer spricht sonst noch oder tut etwas? ...

- Sie sind der einzige Europäer bei diesem Gastmahl ... Jesus kommt jetzt zu Ihnen ... Was empfinden Sie? ... Was sagt er zu Ihnen? ... Was sagen Sie zu ihm? ... Sprechen Sie eine Zeitlang mit ihm ...

- Wie behandelt Sie Jesus? ... Hat er eine Botschaft oder einen Rat für Sie? ... Was möchte er von Ihnen? ... Wenn er Ihnen noch keine Botschaft und keinen Ratschlag gegeben hat, fragen Sie ihn, was er möchte, daß Sie tun, oder wie Sie ihm dienen können ...

- Sobald es Ihnen gut erscheint, danken sie Gott, und kommen Sie an den Schluß Ihres Gebetes ...

- Öffnen Sie langsam Ihre Augen, und beenden Sie die Betrachtung.

Thomas sieht den Herrn (*Joh 20,24–29*)

Wenn wir mit unserer Vorstellungskraft beten wollen, brauchen wir Glauben. Jesus erschien nur jenen, die an ihn glaubten, und er konnte auch nur von denen gesehen werden, die an ihn glaubten. Sie mögen jedoch fragen: Aber was beweist mir denn, daß die Vision, die ich hatte, nicht nur ein Trugbild meiner Phantasie war? Doch dies ist nicht relevant. Wir wollen keine Beweise herbeischaffen. Wenn wir glauben, werden wir es wissen. Wenn wir einen Menschen lieben, kennen wir seine Schönheit.

Thomas hat den Auferstandenen nicht gesehen, weil er nicht glaubte. Jesus sagte zu ihm: „Selig sind, die nicht sehen und doch glauben." Denn wenn wir glauben, werden wir sehen.

Vielleicht aber befinden wir uns in derselben Situation wie Thomas? Vielleicht sehen wir nicht! Vielleicht begegnet uns der Herr nicht im Gebet? Vielleicht fehlt es uns an Glauben, oder wir fürchten uns, unsere Vorstellungskraft zu gebrauchen? Wie auch immer wir Thomas gleichen, gehen wir nun mit ihm in den Abendmahlsaal und begegnen wir mit ihm dem Herrn im Gebet. Vielleicht können wir dann auch sagen: „Mein Herr und mein Gott!" Doch auch wenn Sie immer noch Zweifel haben oder nicht den Mut dazu, sorgen Sie sich nicht. Beten Sie weiter. Zweifel müssen uns nicht unbedingt entmutigen, sondern können uns helfen, im Glauben zu wachsen und zu reifen.

- Lesen Sie die betreffende Bibelstelle mehrere Male

durch und machen Sie sich mit dem Geschehen, den Schauplätzen, den Personen und allem übrigen bekannt. Legen Sie dann den Text beiseite und beginnen Sie Ihr Gebet.

- Suchen Sie sich eine bequeme Haltung ... Schließen Sie Ihre Augen und werden Sie ganz ruhig ...
- Machen Sie eine der Entspannungsübungen ...
- Seien Sie sich bewußt, daß der Heilige Geist in Ihnen lebt und wirkt ... Bitten Sie ihn, Sie in Ihrem Gebet zu führen und zu leiten ... Sie zu öffnen und Sie zu befreien ...
- Versetzen Sie sich nun in den Abendmahlsaal, in dem die Apostel beisammensitzen. Sehen Sie sie in diesem Raum, und stellen Sie sich vor, ebenfalls dort zu sein ...
- Schauen Sie sich im Raum um ... Was sehen Sie? ... Achten Sie auf alles, die Einrichtung, Tische, Stühle, Lampen ... Die Tür ist geschlossen ... Fühlen Sie sich sicherer bei geschlossener Tür? ... Was fürchten Sie? ...
- Die Apostel sprechen miteinander ... Was sagen sie? ... Wer sind Sie unter den Aposteln? ... Vielleicht derjenige, der nicht ganz glauben kann, daß der Herr auferstanden ist? ... Denken Sie an Ihre Zweifel, Ihre Halbherzigkeit ... Sind Sie nicht Thomas? ...
- Hat sich die Tür bereits geöffnet? ... Nein, sie ist immer noch versperrt ... Doch Jesus ist hereingekommen. Er steht mitten im Raum. Jeder erschrickt zu Tode ... Schauen Sie hin zu ihm! Sehen Sie ihn, wie Sie ihn noch nie zuvor gesehen

haben … Sehen Sie das Licht in seinem Gesicht … Sehen Sie das Leuchten in seinen Augen …

- Hören Sie ihn sagen: „Der Friede sei mit euch" …
- Lösen Sie sich von allem Schrecken und von aller Angst, von allem, was Sie beim ersten Anblick seiner Erscheinung überwältigt hat … Nehmen Sie dieses wundervolle Wort „Frieden" tief in sich auf … Lassen Sie sich davon erfüllen …
- Denken Sie an Ihr Herz … wie wenig Frieden dort herrscht … wie Sie immer noch belastet und gequält sind … wie Sie sich immer noch vor der Zukunft fürchten und sich Sorgen machen … Sehen Sie, wie Sie immer noch unzufrieden sind, weil so viele Ihrer Erwartungen nicht eingetreten sind … und so viele Wünsche nicht erfüllt wurden …
- Doch vergessen Sie nun alles Unwichtige und alles, das Sie bedrückt … denn Sie sehen Jesus vor sich stehen … Er sagt: „Friede sei mit dir" …
- Friede! … Atmen Sie ein, und lassen Sie dabei diesen Frieden tief in sich hineinströmen … Ruhen Sie beim Ausatmen in diesem Frieden …
- Tiefer Frieden und eine große Ruhe füllen Sie aus, so daß alles andere an Bedeutung verliert, schwindet … Sie befinden sich in einem Raum voller Frieden … in einem leeren Raum, der mit Licht gefüllt ist … Denn er, der sagt, „Ich bin das Licht der Welt", umgibt Sie mit Licht … Ihr Herz versenkt sich darin und erlebt noch größeren Frieden …
- Kehren Sie langsam wieder zurück … Sie sehen

die Apostel, den Raum und Jesus leibhaft vor sich …

- Jesus bewegt sich jetzt, er streckt seine Arme aus und zeigt Ihnen seine Wunden … Er kommt noch näher zu Ihnen heran … Was bedeutet seine Geste? … Will er Sie dadurch tadeln? … Nein. Er will Ihnen einfach nur in Ihrer Hilflosigkeit nahe sein … Denn jetzt zweifeln Sie nicht mehr, jetzt glauben Sie … Mehr noch, jetzt lieben Sie und möchten ihn voll Liebe berühren … Doch können Sie das tun? … Indem er näher kommt, sagt er Ihnen: „Ja, das darfst du" …
- Strecken Sie Ihre Hände aus und legen Sie Ihre Finger in seine Wunden … Nicht, um einen Beweis für die Wahrheit zu haben, sondern um ihn, der Sie so sehr liebt, zu spüren und zu berühren …
- Sagen Sie nun: „Herr, ich möchte dich nicht nur berühren, ich würde dich auch gerne umarmen, mit meinem Herzen umarmen … Ich drücke dich an mein Herz, um dich darin aufzunehmen und dich darin zu bewahren … dich, zu dem ich rufe: Mein Herr und mein Gott!"
- Sobald Sie möchten, danken Sie Gott, und beenden Sie Ihr Gebet.
- Öffnen Sie nun langsam Ihre Augen.

Auf der Suche nach Gott

Beim Imaginationsgebet ist es wichtig, daß wir uns die Dinge wirklich vorstellen, sie wirklich in unserer Phantasie ausmalen. Versuchen Sie nicht, sich an Dinge und Plätze zu erinnern, und vergessen Sie

Ihre momentane Umgebung, versetzen Sie sich ganz an einen Ort in Ihrer Phantasie. Das heißt, wenn wir uns ausmalen, am Meeresstrand zu liegen, hören wir in unserer Phantasie das leichte Rauschen der Wellen, und wir spüren die Sonne auf unserer Haut, wir spüren den Sand unter unseren Füßen – und als Folge davon erleben wir auch die Erfahrungen früherer Aufenthalte an einem Strand wieder neu.

Machen wir uns nun auf die Suche nach Gott. Wir wissen nicht, wo er auf uns wartet. Vielleicht begegnen wir ihm an einem Ort, an dem wir ihn nie erwartet hätten – und das mag eine wohl aufschlußreiche Überraschung sein …

- Suchen Sie sich eine bequeme Haltung … Schließen Sie Ihre Augen und werden Sie ganz ruhig …
- Machen Sie eine der Entspannungsübungen …
- Seien Sie sich bewußt, daß der Heilige Geist in Ihnen lebt und wirkt … Bitten Sie ihn, Sie in Ihrem Gebet zu führen und zu leiten … Sie zu öffnen und Sie zu befreien …
- Stellen Sie sich vor, Sie sitzen auf dem Gipfel eines Berges … Die Sonne geht gerade unter … Es ist wunderschön! … Betrachten Sie die großartige Schönheit dieses Sonnenunterganges, und freuen Sie sich daran … Vergessen Sie alle Ihre Sorgen, geben Sie sich ganz diesem wunderschönen Anblick hin …
- Sie lösen sich aus der Betrachtung des Wunders, des Friedens und des Wohlgefühls; da hören Sie Schritte … Aus dem Halbschatten kommt ein alter Mann auf Sie zu … Sie erkennen in ihm den heiligmäßigen Einsiedler, der in der Gegend lebt … Er

tritt an Sie heran und sagt sanft: „Wenn du in die Stadt hinuntergehst, wirst du Gott finden“ … Dann kehrt er wieder um …

- Was fühlen Sie? … Was geht Ihnen durch den Kopf? … Wollen Sie hinuntergehen, oder würden Sie noch gerne hier auf dem Berg bleiben? …

- Was auch immer Sie empfinden … Ich möchte, daß Sie hinabsteigen auf der Suche nach Gott … Wie geht es Ihnen dabei? … Ist Ihr Abstieg schwer oder leicht?

- Sie haben die Vororte der Stadt erreicht … Sie müssen sich entscheiden, welchen Weg Sie nun auf der Suche nach Gott einschlagen … Folgen Sie nicht Ihrem Willen … Nehmen Sie sich Zeit, um zu horchen … Lassen Sie sich vom Heiligen Geist führen … Denken Sie nicht darüber nach, wohin Sie eigentlich gehen sollten …

- Wo hat Ihr Herz Sie hingeführt? … Was geschieht dort? … Was finden Sie dort? … Was machen Sie dort? … Finden Sie Gott? … Wie? … in einem Menschen … in einer Situatuion … in einem Symbol? … Nehmen Sie sich Zeit, und seien Sie offen. Gott läßt sich auf viele Weisen finden … halten Sie Ihre Augen und Ohren offen …

- Haben Sie Gott gefunden? … Wenn ja, dann bleiben Sie bei ihm, hören Sie auf ihn, schauen Sie ihn an, sprechen Sie mit ihm … Identifizieren Sie sich mit ihm, versetzen Sie sich in ihn hinein … Wenn Sie ihn noch nicht gefunden haben, suchen Sie weiter, folgen Sie der Führung Ihres Herzens … Sorgen Sie sich nicht; irgendwo werden Sie ihn finden …

- Nehmen Sie Abschied von ihm … Sagen Sie etwas zu ihm und lassen Sie Ihren Gefühlen freien Lauf … Schämen Sie sich nicht, Ihren Gefühlen Ausdruck zu verleihen …
- Sobald Sie möchten, danken Sie Gott, und beenden Sie Ihr Gebet. Öffnen Sie dann langsam Ihre Augen.

Die lebendige Flamme der Liebe

Der Titel dieser Meditation stammt von Johannes vom Kreuz, doch geht sie auf einen Gedanken aus der mittelalterlichen Schrift „Die Wolke des Nichtwissens“ zurück. Dieses Werk spricht von einer blinden Regung der Liebe im Mittelpunkt unseres Seins. Versuchen wir, diese lebendige Flamme der Liebe zu betrachten, die unsere Herzen wärmen kann …

- Suchen Sie sich eine bequeme Haltung … Schließen Sie Ihre Augen, und werden Sie ganz ruhig …
- Machen Sie eine der Entspannungsübungen …
- Seien Sie sich bewußt, daß der Heilige Geist in Ihnen lebt und wirkt … Bitten Sie ihn, Sie in Ihrem Gebet zu führen und zu leiten … Sie zu öffnen und Sie zu befreien …
- Sie begeben sich jetzt auf eine lange Reise … Sie steigen hinab in die Tiefen Ihres Wesens … Es ist dunkel … aber Sie tasten sich voran … Am Ende, im Zentrum des Seins angelangt, finden Sie eine lebendige Flamme der Liebe, die emporschlägt zu Gott …
- Beobachten Sie die Flamme … Entdecken Sie ihren Rhythmus und ihre Melodie …

- Sagen Sie nun ein Wort oder eine kurze Wortfolge im Rhythmus der Flamme … wie etwa: Jesus – Abba – Komm, Heiliger Geist – mein Gott und mein Alles - …
- Horchen Sie aufmerksam auf die Worte, die tief aus Ihrem Inneren hervorkommen … Sprechen Sie sie nicht laut aus, sondern hören Sie sie wie von weit, weit weg … weit aus Ihren Tiefen …
- Die Worte werden allmählich lauter … füllen Sie ganz aus … Ihren Kopf, Ihren Brustraum, Ihren Bauch, Ihren ganzen Körper, den ganzen Raum … Diese Worte aus Ihren Tiefen schwellen an und füllen die ganze Erde und den Himmel … Schließlich ertönt das gesamte Universum von den Worten aus der Tiefe Ihres Seins …
- Spüren Sie diesen Ton auf der ganzen Erde … sagen auch Sie ihn in aller Liebe … Identifizieren Sie sich damit und ruhen Sie darin …
- Sobald Sie möchten, danken sie Gott, und beenden Sie Ihr Gebet. Öffnen Sie dann langsam Ihre Augen.

Mein Herz ist ein wunderschöner Garten

- Suchen Sie sich eine bequeme Haltung … Schließen Sie Ihre Augen und werden Sie ganz ruhig …
- Machen Sie eine der Entspannungsübungen …
- Seien Sie sich bewußt, daß der Heilige Geist in Ihnen lebt und wirkt … Bitten Sie ihn, Sie in Ihrem Gebet zu führen und zu leiten … Sie zu öffnen und Sie zu befreien …

- Stellen Sie sich einen wunderschönen Garten vor … Sie spazieren darin umher … Sie sehen seine Schönheit und erfreuen sich daran … Tauchen Sie ein in diese Schönheit …
- Stellen Sie sich Ihr Herz als diesen Garten vor … und Christus spaziert darin umher … Er freut sich an all den Blumen, an der großen Schönheit … Gehen Sie mit ihm darin spazieren, nehmen Sie teil an seiner Freude … Scheuen Sie sich nicht, ihm alles zu zeigen, sogar die kleinsten Details … Oder ruhen Sie einfach aus in der Freude, die der Herr in Ihrem Garten findet …
- Nehmen Sie nun Abschied vom Herrn, der sich Ihnen gezeigt hat und mit dem Sie Ihre ganze Zeit verbracht haben …
- Sobald Sie möchten, danken Sie Gott, und beenden Sie Ihr Gebet. Öffnen Sie dann langsam Ihre Augen.

Vergebung und Heilung

Wirklich zu verzeihen ist äußerst schwierig und aus eigener Kraft für uns beinahe unmöglich. Viele von uns haben vielleicht noch nie in ihrem Leben wirklich verziehen. Zwar versuchen wir zu vergessen, wir schieben die Verletzung beiseite und sagen: „Vergiß es“ oder „Ist schon gut“. Doch wir haben nicht richtig verziehen. Das bedeutet aber, daß wir innerlich immer noch voll Zorn sind und dem anderen die Verletzung noch lange übelnehmen. Wie eine eiternde Wunde schwärt es in uns weiter und macht uns oft sogar krank. Dies hindert uns daran, in unserem Gebetsleben irgendeinen Fortschritt zu machen und läßt uns vielleicht sogar allen Mut verlieren.

Ganz bestimmt würden etliche Menschen viel darum geben, wenn sie von ihrer Unfähigkeit zu verzeihen befreit würden. Nicht jeder hat die Möglichkeit, sich an Psychologen und Therapeuten zu wenden; nicht alle finden in der Seelsorge genügend Hilfe, und so tragen sie diese Lasten jahrelang in ihrem Herzen herum. Manche zürnen sogar noch den Toten.

Ich weiß aus eigener Erfahrung, daß das Verzeihen aus eigener Kraft sehr, sehr schwierig wird. Aber ich weiß auch, daß mit der Hilfe Gottes alles möglich ist. Ich habe gerade in diesem Bereich regelrechte Wunder erlebt. Menschen haben großen Haß und tiefen Groll aufgegeben – mit der Hilfe Jesu. Man kann nicht in Jesu Augen schauen und trotzdem noch hassen. Der folgende Gebetsvorschlag ist einer, der bereits vielen geholfen hat.

- Suchen Sie sich eine bequeme Haltung … Schließen Sie Ihre Augen und werden Sie ganz ruhig …
- Machen Sie eine der Entspannungsübungen …
- Seien Sie sich bewußt, daß der Heilige Geist in Ihnen lebt und wirkt … Bitten Sie ihn, Sie in Ihrem Gebet zu führen und zu leiten … Sie zu öffnen und Sie zu befreien …
- Steigen Sie hinauf auf den Kalvarienberg, stellen Sie sich hin vor das Kreuz … Schauen Sie auf in das Gesicht Jesu … Was sehen Sie? … Lassen Sie sich berühren von seiner großen Liebe …
- Sie bemerken auch Ihren Widersacher, der ebenfalls hierher vor das Kreuz kommt … Und Sie sehen, daß Jesus sich auch dem anderen zuneigt und ihn mit großer Liebe anschaut … Sehen Sie

sein Gesicht … seinen Ausdruck der Liebe und Güte …

- Sie spüren, wie der Haß wieder in Ihnen hochsteigt … Erzählen Sie Jesus, was Sie von diesem Menschen halten … was er Ihnen angetan hat … wie er Sie verletzt hat … Sie geschädigt hat … wie Sie immer noch darunter zu leiden haben … Erklären Sie Jesus Ihr Unverständnis darüber, daß er auch einen solchen Menschen lieben kann … Lassen Sie einfach alles herauskommen … Machen Sie Ihrem Unmut Luft … Lassen Sie Ihren Tränen freien Lauf … Nehmen Sie sich Zeit …

- Danach schauen Sie wieder auf in das Gesicht Jesu … Hören sie ihm zu … Was sagt Ihnen sein Ausdruck? … Sein Blick wird Ihren Zorn bald weichen lassen … und Sie werden vielleicht bereit zur Versöhnung sein …

- Vielleicht bringen Sie es sogar zustande, Ihrem Gegner zu sagen, daß Sie ihm verziehen haben … vielleicht können Sie ihm wieder ins Gesicht schauen … ihm die Hand reichen – oder vielleicht sogar ihn umarmen? … Weinen Sie ruhig, verzeihen Sie ihm tatsächlich … Tun Sie, was immer Sie können.

- Loben und preisen Sie danach Ihren Gott … Danken Sie ihm … Bitten Sie ihn auch weiterhin um Hilfe …

- Öffnen Sie nun langsam Ihre Augen, und beenden Sie Ihr Gebet.

Für uns selber beten

Wir alle haben Bedürfnisse, Wünsche und Sehnsüchte. Uns fehlen so viele Dinge; wir müssen um Verzeihung bitten und um Barmherzigkeit. Oft fehlt es uns an Glauben, Hoffnung und Barmherzigkeit. Vielleicht sind wir krank, oder wir stecken in großen Schwierigkeiten. Tatsache ist, daß wir in allem von Gott abhängen. Er ist unser Vater, wir sind seine Kinder. Jesus sagt, wir sollen beten, bitten, suchen und anklopfen. Der Vater wird uns nichts verweigern, worum wir im Namen Jesu bitten. Er will nur, daß wir mit großem Vertrauen zu ihm hinkommen. Ihm vertrauen ist das größte, was wir tun können.

Doch ein Problem gibt es immer noch: Wie sollen wir beten, wie um etwas bitten? Manche Menschen sind in ihrem Gebet richtig lästig bei Gott, betteln und nörgeln und flehen um das, was sie haben wollen. Jesus aber sagt uns, wir sollten nicht zu viele Worte verwenden, sondern in unser Herz gehen und dort beim Herrn sein, denn er kennt alles, was wir brauchen. Diese Art, um etwas zu bitten, ist mehr betrachtender, kontemplativer Art, mit wenigen Worten oder ganz ohne. Versuchen Sie es, aber sorgen Sie sich nicht, wenn Sie Gott nicht alles erzählt haben. Manch einer fürchtet, er habe sich Gott gegenüber nicht klar genug ausgedrückt. Gott weiß alles; es genügt, wenn wir ihn lieben und ihm vertrauen …

- Suchen Sie sich eine bequeme Haltung … Schließen Sie Ihre Augen, und werden Sie ganz ruhig …
- Machen Sie eine der Entspannungsübungen …
- Seien Sie sich bewußt, daß der Heilige Geist in Ihnen lebt und wirkt … Bitten Sie ihn, Sie in Ihrem

Gebet zu führen und zu leiten ... Sie zu öffnen und Sie zu befreien ...

- Legen Sie Ihre Hände wie eine geöffnete Schale in Ihren Schoß ... Füllen Sie diese Schale mit all Ihren Wünschen, Bitten und Sehnsüchten ... Legen Sie alles, worum Sie beten, in die Schale Ihrer Hände ...
- Schauen Sie sich alles, was schließlich in der Schale liegt, genau an ... Eignen Sie es sich an, identifizieren Sie sich damit ... Lassen Sie nicht Ihr Herz darüber schwer werden, sondern seien Sie sich einfach dessen bewußt, was alles darin liegt, und daß das alles Ihnen gehört ...
- Kommen Sie nun vor den Herrn ... Lieben Sie ihn, und erlauben Sie ihm, Sie zu lieben ... Preisen Sie ihn ... Betrachten Sie ihn in aller Stille ... Seien Sie bei ihm, wie er es von Ihnen möchte ... Denken Sie nur an den Herrn ... Konzentrieren Sie sich nur auf ihn ... Verweilen Sie so lange, wie Sie können ...
- Öffnen Sie nun langsam Ihre Augen, und beenden sie Ihr Gebet.

Fürbitten

Teilhard de Chardin erzählt in einem seiner Bücher von einer Nonne, die in einer verlassenen kleinen Kapelle betete und nach deren Wünschen und Bitten sich alle Kräfte des Universums ausrichteten, so daß die kleine Kapelle zum Mittelpunkt der Welt wurde. Er sagte: „Nichts auf dieser Welt ist so mächtig wie Reinheit und Gebet."

Das Gebet für andere, die Fürbitte, spielt im Leben vieler Menschen eine wichtige Rolle. Moses stand vor

Gott, um für sein Volk zu bitten; auch Paulus war ein großer Mann des Gebets. Wir wissen nicht, was Jesus auf den Gipfeln der Berge oder in der Wüste getan hat; wir wissen auch nicht, was er während seiner langen Stunde des Betens tat. Doch können wir annehmen, daß er viele Stunden im Gebet für andere zugebracht hat.

Einige Menschen können im Gebet für andere zu einer tiefen Betrachtung Gottes gelangen, oft sogar zu einer intensiven Vereinigung mit Gott, denn je mehr wir Gottes Segen auf andere herabflehen, um so mehr wird er unsere eigenen Herzen mit seiner Güte füllen. Haben wir einmal die Macht erlebt, die im Gebet liegt, und die Wunder gesehen, die Gott durch unser Gebet geschehen läßt, werden wir darauf nicht mehr verzichten wollen, auch wenn hin und wieder die Versuchung groß sein mag …

- Suchen Sie sich eine bequeme Haltung … Schließen Sie Ihre Augen und werden Sie ganz ruhig …

- Machen Sie eine der Entspannungsübungen …

- Seien Sie sich bewußt, daß der Heilige Geist in Ihnen lebt und wirkt … Bitten Sie ihn, Sie in Ihrem Gebet zu führen und zu leiten … Sie zu öffnen und Sie zu befreien …

- Denken Sie an die Menschen, die Gemeinschaft, das Land oder das Volk, für das Sie beten wollen … Lassen Sie sie vor Ihrem geistigen Auge erstehen … Sie sehen ihre Not, ihre Probleme … Versetzen Sie sich selbst in ihre Sorgen hinein … Oder versuchen Sie, sich mit ihnen zu identifizieren, werden Sie eins mit ihnen …

- Wenden Sie sich an Gott … Bitten Sie ihn, Sie mit

seiner Kraft zu füllen, mit seiner Energie, mit seinem Leben, seiner Gnade ... Spüren Sie, wie Sie davon durchflutet werden ... Spüren Sie, wie Sie mehr und mehr ein Teil von ihm werden, in ihm aufgenommen werden ...

- Die Menschen, für die Sie beten wollen, versammeln sich rings um Sie ... Strecken Sie Ihre Hände über Sie aus, und lassen Sie die Energie und die Gnade Gottes durch Ihre Hände über die Menschen ausströmen ... Richten Sie Ihre Augen hin zu Gott, nicht zu den Menschen vor Ihnen ... Bleiben Sie die ganze Zeit bei Gott, machen Sie sich keine Sorgen wegen der Menschen, für die Sie beten ...

- Sobald Sie es für richtig befinden, danken Sie Gott ... Öffnen Sie nun langsam Ihre Augen, und beenden Sie Ihr Gebet.

Sechstes Kapitel

Gott im Herzen hören

HINFÜHRUNG

Beim Besuch von Johannes Paul II. in Deutschland kam es zum folgenden Ereignis: Ein Bus voller Menschen, die den Papst sehen wollten, war unterwegs, doch die Atmosphäre im Bus war alles andere als angenehm. Der Fahrer hatte absolut kein Interesse am Papst. Er schimpfte und fluchte während der ganzen Fahrt, wetterte gegen den Personenkult, der seiner Meinung nach mit dem Papst betrieben würde, beklagte sich über das Geld, das für solche Veranstaltungen zum Fenster hinausgeworfen würde und vieles mehr. Er war mit dem Papstbesuch überhaupt nicht einverstanden, und das hatte natürlich Auswirkungen auf das Klima im Bus. Bei der Ankunft am Flughafen stiegen die Leute aus, um einen Blick auf den Papst werfen zu können, sobald dieser aus dem Flugzeug kam. Der Fahrer wartete im Bus.

Als der Papst aus einem Hubschrauber gestiegen war und vor dem Flughafen durch die Menge zu einem Wagen ging, der ihn zu einem Platz, auf dem er Gottesdienst halten würde, bringen sollte, schaute er umher und entdeckte den Fahrer in seinem Bus. Er ging hin zu ihm, grüßte ihn freundlich, erkundigte sich nach der Familie des Mannes und gab ihm seinen Segen, bevor er ihn wieder verließ.

Als die Leute zum Bus zurückkamen, trafen sie

den Fahrer in Tränen aufgelöst an. Er sagte: „Der Papst hat mit mir geredet. Er hat mich nicht danach gefragt, ob ich katholisch bin oder nicht, er hat auch nicht danach gefragt, warum ich euch nicht begleitet habe. Er hat mit mir geredet, als wäre ich sein Freund, und er hat mich gesegnet!"

Wie oft wird der Fahrer diese Geschichte im Laufe der Jahre noch erzählen? Und wie oft wird er sich daran erinnern und die Freude jenes denkwürdigen Tages wieder erleben?

„Mit dem Herzen hören" – damit meinen wir nicht, das Wort Gottes hören, als würde ein Bibeltext vorgelesen oder als hörten wir eine Predigt. Wir meinen damit auch nicht eine innere Stimme. Was wir damit meinen ist die Vorstellung, Gott würde uns direkt ansprechen. So müssen wir uns zuerst einmal bewußt werden, daß Gott uns persönlich anspricht. Es kann wie ein neuer Ansporn zum Leben sein, wenn Gott ein Wort an uns richtet.

Nehmen Sie dazu eine bequeme Haltung ein, werden Sie ruhig, entspannen Sie sich. Bleiben Sie ruhig, genießen Sie den ersten Überraschungsmoment, wenn Gott zu Ihnen spricht. Das kann ein Moment tiefsten Glückes sein, und Sie bewahren das Bild vor Augen und sagen immer wieder voll Ruhe: „Er spricht zu mir! Er spricht zu mir!"

Hören Sie als nächstes auf die Worte, die er sagt. Viele solcher Worte finden wir im Überfluß im Alten und im Neuen Testament.

Wir können Jesus aber auch im Schweigen zu uns sprechen hören. Nehmen Sie zum Beispiel eine alltägliche, normale Erfahrung: Es kommt vor, daß ein Mensch auf uns mit bedrückendem Schweigen reagiert, oder daß jemand, den wir verletzt haben, uns mit einem vorwurfsvollen, klaren Schweigen antwortet. Manchmal geschieht es, daß einer auf eine Frage gar keine Antwort gibt. Vielleicht haben wir nach etwas gefragt, das uns nichts angeht, oder das er als sein Geheimnis bewahren will – oder das Schweigen deutet uns an, weiterzureden.

Wir haben wohl alle als Kinder die Erfahrung gemacht, daß unsere Mütter mit uns nicht sofort schimpften oder uns straften, wenn wir etwas angestellt hatten. Zuerst kam meistens ein langes, enttäuschtes Schweigen. Doch fühlten wir, daß in diesem Schweigen auch Verzeihen lag. Die Liebe, die wir zum Beispiel für unsere Eltern empfinden, bewirkt, daß wir auch im Schweigen sehr gut beisammen sein können, denn oft brauchen wir keine Worte. Die schweigende Liebe ist manchmal genug.

All diese verschiedenen Arten von Schweigen können wir mit Jesus erfahren. Niemals wird sein Schweigen kühl und abweisend sein, doch manchmal vielleicht einen leichten Tadel enthalten. Oft erleben wir im Gebet, daß Jesus auf unsere Fragen nicht antwortet. Vielleicht schweigt er, weil wir seine Antwort nicht verstehen würden. Vielleicht sind wir für eine Antwort noch nicht reif. Es könnte sein, daß er uns absichtlich im Dunkeln läßt, damit wir wachsen und lernen. Aber es könnte auch sein, daß er gerade in diesem Moment der unnahbare, unkennbare, alles beherrschende Gott sein will.

Manchmal läßt er uns warten, weil er möchte, daß wir den ersten Schritt tun. Oft spüren wir in seinem Schweigen ein großes Verzeihen oder ein tiefes Gefühl der Sicherheit und der Geborgenheit in seiner liebevollen Umarmung.

Nun aber noch ein Wort der Vorsicht. Einige unserer Mitmenschen haben eine derart blühende Phantasie, eine derart rege Vorstellungskraft, daß sie im Gebet nicht nur Musik zu hören glauben, sondern auch überzeugt sind, langatmige Offenbarungen von Gott selbst, Jesus oder Maria zu erhalten. Davon habe ich hier jedoch nicht gesprochen. Was wir „mit dem Herzen hören", geht vor allem auf unsere ganz natürliche Fähigkeit zurück, uns an Worte und Geschichten aus der Bibel zu erinnern.

Obwohl es natürlich absolut erhebend wäre, wenn wir tatsächlich himmlische Musik hören könnten, wird das Wichtigste wohl auch weiterhin sein, daß Gott im wahrsten Sinne des Wortes zu uns spricht, und daß wir mit einem ruhigen und friedlichen Herzen die Worte Jesu hören.

ÜBUNGEN

„Fürchtet euch nicht, ich bin es!" (Joh 6,20; Mt 14,27; Mk 6,45–52)

Als Jesus über das Wasser auf das Boot der Apostel zuging, fürchteten sie sich, weil sie dachten, es käme ein Gespenst. Doch Jesus rief ihnen zu: „Fürchtet euch nicht, ich bin es!"

Vielleicht ist das Gespenst, das uns in unserem Leben Angst macht, einfach die Tatsache, daß wir nicht mehr verstehen, was mit uns geschieht, daß wir innerlich verstrickt und verwirrt sind und keinen Ausweg mehr sehen. Wie kann das, was mit uns geschehen ist, von Gott sein? Gerade in einer derartigen Situation richten wir tausend Fragen an ihn, doch er antwortet nicht. Statt dessen kommt er selbst zu uns und sagt: „Fürchte dich nicht, ich bin es.“ Versuchen Sie, darauf zu hören und nicht weiter mit Fragen in ihn zu dringen. Akzeptieren Sie diese Antwort, auch wenn sie Ihnen im Moment nichts sagt. Stellen Sie sich vor, wie er vor Ihnen steht und sagt: „Fürchte dich nicht, ich bin es.“ Ihr Verstand mag immer noch nichts begreifen, doch Ihr Herz wird beginnen, diese Antwort zu akzeptieren und „ja“ zu sagen zu dem, der vor Ihnen steht. Mit diesem „Ja“ werden alle Ängste verschwinden, doch das braucht Zeit …

- Suchen Sie sich eine bequeme Haltung … Schließen Sie Ihre Augen und werden Sie ganz ruhig …
- Machen Sie eine der Entspannungsübungen …
- Seien Sie sich bewußt, daß der Heilige Geist in Ihnen lebt und wirkt … Bitten Sie ihn, Sie in Ihrem Gebet zu führen und zu leiten … Sie zu öffnen und Sie zu befreien …
- Stellen Sie sich vor, in welcher Lage die Apostel sich befanden … Wo waren sie? … Was ängstigte sie? … Wer war der Geist, den sie sahen? …
- Denken Sie an Ihre eigene Situation … Warum fürchten Sie sich? … Was ist das Schreckgespenst in Ihrem Leben? …
- Sie sehen Jesus auf Sie zukommen … Er ruft Ihnen zu: „Fürchte dich nicht, ich bin es!“ … Nehmen Sie diese Worte in Ihr Herz auf … Weisen Sie sie nicht als Unsinn zurück … Horchen Sie auf diese Worte, auch für längere Zeit … Auch wenn Sie sie nicht verstehen, lassen Sie Ihr Herz diese Worte akzeptieren … Horchen Sie auf diese Worte, so lange Sie können … Lassen Sie sie eindringen in Ihr Herz …

- Sobald Sie es für richtig befinden, danken Sie Gott … Öffnen Sie nun langsam Ihre Augen, und beenden Sie Ihr Gebet.

Der Friede sei mit dir (Joh 20,19–23; Lk 24,36–53)

Johannes und Lukas berichten uns, daß Jesus nach seiner Auferstehung den Aposteln erschien und sie begrüßte mit den Worten: „Der Friede sei mit euch". Diese Worte will er auch uns sagen, vor allem, wenn wir in einer ähnlichen Situation wie die Apostel damals sind: ängstlich, traurig, zurückgezogen und ohne alle Hoffnung, mit einer großen Furcht vor den Menschen … Auch wir können uns vorstellen, daß Jesus plötzlich vor uns steht und sagt: „Der Friede sei mit dir!" Wir können das Bild Jesu lange vor unseren Augen behalten, indem wir immer wieder daran denken und uns diese Worte immer wieder sagen. Durch die Wiederholung dringen die Worte immer tiefer in unser Herz ein, und dort werden sie uns davon überzeugen, daß Jesus uns seinen Frieden geben wird, wenn wir daran glauben.

- Suchen Sie sich eine bequeme Haltung … Schließen Sie Ihre Augen und werden Sie ganz ruhig …
- Machen Sie eine der Entspannungsübungen …
- Seien Sie sich bewußt, daß der Heilige Geist in Ihnen lebt und wirkt … Bitten Sie ihn, Sie in Ihrem Gebet zu führen und zu leiten … Sie zu öffnen und Sie zu befreien …
- Versetzen Sie sich in den Raum, in dem die Jünger sich versammelt haben … stellen Sie sich den Raum vor … die Situation … die verängstigten

Apostel ... Plötzlich erscheint Jesus und sagt: „Der Friede sei mit euch!“ ...

- Sehen Sie nun Ihre eigene Situation ... Was macht Ihnen Angst? ... Sind es die Menschen oder Ihre Umgebung? ... Sind es finanzielle Probleme? ... die Zukunft? ... eine Krankheit? ... eine Sünde? ... etwas anderes? ...
- In dieser Situation steht plötzlich Jesus vor Ihnen und sagt: „Der Friede sei mit dir!“ ...
- Wiederholen Sie diese Worte in Ihrem Herzen ... Sie hören Sie immer wieder ... Sie quellen aus Ihrem Inneren hervor ... Bezweifeln Sie sie nicht ... Wehren Sie sich nicht dagegen ... Wiederholen Sie einfach diese Worte ... und horchen Sie darauf ... immer wieder ...
- Sobald Sie es für richtig befinden, danken Sie Gott ... Öffnen Sie nun langsam Ihre Augen, und beenden Sie Ihr Gebet.

Ich bin der Weg (Joh 14,6)

Im Evangelium spricht Jesus an mehreren Stellen von sich selbst. Er nennt sich das „Brot des Lebens“, „das Licht der Welt“, „den guten Hirten“, „die Auferstehung und das Leben“, „den Weg, die Wahrheit und das Leben“, und so weiter.

Wir wollen hier aber nicht diese Stellen wissenschaftlich untersuchen. Wenn wir mit dem Herzen hören, dann hören wir mehr auf die Worte, als daß wir darüber nachdenken. Es geht uns nicht darum, über die Bedeutung dieser Worte zu diskutieren. Vielmehr wollen wir erleben, wie Jesus dies alles von sich selber sagt.

Darum müssen wir uns Jesus auch sehr nahe vorstellen, ihn mit unserem Herzen betrachten, und dann immer wieder diese Sätze: „Ich bin …" aus seinem Mund hören … Sobald sie Eingang in unser Herz gefunden haben, werden wir sie nicht nur besser verstehen, vielmehr noch wird uns Jesus selbst berühren und beeindrucken. Hier ein Beispiel: der „Weg".

- Suchen Sie sich eine bequeme Haltung … Schließen Sie Ihre Augen und werden Sie ganz ruhig …
- Machen Sie eine der Entspannungsübungen …
- Seien Sie sich bewußt, daß der Heilige Geist in Ihnen lebt und wirkt … Bitten Sie ihn, Sie in Ihrem Gebet zu führen und zu leiten … Sie zu öffnen und Sie zu befreien …
- Sie sehen Jesus vor sich stehen … Sie müssen keine Gestalt oder ein Bild vor sich sehen; Sie wissen einfach, daß er da ist …
- Hören Sie ihn mit Ihrem inneren Ohr sagen: „Ich bin der Weg" … Hören Sie es mit Ihrem Herzen …
- Lassen Sie diese Worte in Ihr Herz eindringen … Hören Sie ihr Echo tief in Ihrem Inneren … Ihr Herz nimmt sie an, glaubt an diese Worte … und Sie spüren, wie Jesus immer mehr Ihr Weg wird …
- Sobald Sie möchten, danken Sie Gott, öffnen Sie ihre Augen, und beenden Sie Ihr Gebet.

Gott singt alle Lieder

Wir müssen nicht unbedingt Worte hören, um Gottes Gegenwart zu spüren. Auch Töne und Klänge können uns den Zugang zu Gott erleichtern, denn in der Welt des Klanges gibt es viele Gelegenheiten, zu beten und Gott in Lied und Musik zu erkennen.

Immer wieder beklagen sich die Menschen über all die Geräusche rings umher, den Straßenlärm, ein dröhnendes Radio, ein klingelndes Telefon, eine zugeknallte Tür. Diese Geräusche lenken uns ab – dabei müßte das gar nicht sein. Wenn wir lernen, all diese Geräusche in unser Beten einzubauen, werden wir entdecken, daß in all dem ein tiefes Schweigen steckt.

Auch dürfen wir nicht vergessen, daß Gott alle Lieder singt und jede Musik erklingen läßt. Gott läßt nicht nur den Regen auf die Erde herabfallen und die Sonne scheinen, er läßt auch all die Geräusche rundherum entstehen, so daß wir die Stimme Gottes in diesen Geräuschen über unsere Ohren mit unserem Herzen erkennen. Vielleicht lassen Sie bei dieser Übung leise Musik spielen, denn nicht alle Geräusche, die ich erwähne, können Sie immer und überall hören.

- Setzen Sie sich bequem hin ... Schließen Sie die Augen ... Beruhigen Sie sich ...
- Machen Sie eine der Entspannungsübungen ...
- Der Heilige Geist lebt in Ihnen ... Bitten Sie ihn um seine Führung durch dieses Gebet, bitten Sie ihn auch, Sie die Stimme Gottes in den Geräuschen erkennen zu lassen ...
- Achten Sie nun auf alle Geräusche rings umher ... laute und leise, nahe und weiter entfernte ... Hören Sie die einzelnen Geräusche heraus ... ihre Höhe und Lautstärke ... Versuchen Sie, wirklich alle Geräusche zu erfassen ...

- Nehmen Sie einen Ton heraus, der Ihnen gefällt: zum Beispiel das Rauschen des Wassers, oder das Säuseln des Windes, oder Musik von irgendwo her, oder eine Melodie … (Wenn Sie wollen, hören Sie jetzt ein Musikstück, das Sie vorher ausgewählt haben.) Hören Sie auf die Schönheit der Töne und lassen Sie sich davon berühren und erfüllen …
- In allen diesen Tönen ist Gott gegewärtig … Wenn Sie lange genug hinhören, werden Sie seine Stimme darin hören und den Sänger erkennen … Ruhen Sie in diesen Tönen, solange Sie können … entspannen Sie sich, und hören Sie zu … und eines Tages wird Gott sich Ihnen in einem Geräusch zu erkennen geben …
- Sobald Sie möchten, schließen Sie diese Betrachtung … Danken Sie Gott … Öffnen Sie dann langsam Ihre Augen, und beenden Sie Ihr Gebet …

Hören Sie auf das Schweigen Gottes

Wie zwischen uns Menschen oftmals Schweigen herrscht, so kann auch zwischen Gott und uns Schweigen sein. Diese Schweigemomente können wir auch in unserem Gebet erfahren. Oft erhalten wir auf unsere Fragen aus diesem oder jenem Grund von Gott keine Antwort. Gottes Schweigen kann, wie bereits erwähnt, sehr ausdrucksvoll sein: Vielleicht will er, daß wir noch warten, oder er will uns für etwas tadeln; aber vielleicht ist sein Schweigen auch eine Bekundung des Verzeihens – oder sogar der wunderbaren Liebe des Vaters, in der wir uns geborgen fühlen. Auch im Schweigen spricht Gott zu uns, will uns etwas sagen, obwohl das für uns zugegebenermaßen sehr schwer zu verstehen ist. Meditieren wir nun über das Schweigen …

- Setzen Sie sich bequem hin … Schließen Sie die Augen … Beruhigen Sie sich …
- Machen Sie eine der Entspannungsübungen …
- Der Heilige Geist lebt in Ihnen … Bitten Sie ihn um seine Führung durch dieses Gebet, bitten Sie ihn auch, Sie die Stimme Gottes im Schweigen erkennen zu lassen …
- Sehen Sie Jesus vor sich stehen … Doch er sagt nichts … Schauen Sie ihn an … Beobachten Sie seinen Ausdruck … Bleiben Sie einfach schweigend bei ihm … Lassen Sie das Schweigen sprechen … Nach einer Zeit werden Sie erkennen, was der Herr Ihnen sagen möchte … Lassen Sie ihn mit dem Schweigen in Ihnen bewirken, was er bewirken möchte … Diese Momente der Stille sind sehr kostbar … Fürchten Sie sie nicht … Verweilen Sie im Schweigen, so lange Sie möchten …
- Sobald Sie spüren, Sie möchten die Betrachtung beenden, danken Sie Gott … Öffnen Sie langsam Ihre Augen, und schließen Sie Ihr Gebet.

Deine Sünden sind dir vergeben (Lk 7,36–50)

Juliana von Norwich sagt: „Die Sünde ist die größte Geißel, die eine auserwählte Seele treffen kann. Diese Geißel bestraft uns auf schreckliche Weise und fügt uns in unseren eigenen Augen so großen Schaden zu, daß wir glauben, vollkommen wertlos zu sein. Doch dann kommt Reue in unser Herz durch die Berührung des Heiligen Geistes, der die Verbitterung in uns in Hoffnung wandelt, in die Hoffnung auf Gottes Erbarmen. Unsere Wunden beginnen zu heilen, und unsere Seele, nun dem Leben der Heiligen Kirche zugewandt, beginnt aufs neue zu leben [...] Wenn wir uns wegen unserer Sünden verlassen und ausgestoßen fühlen, hält uns unser Gott zärtlich und beschützend in seinen Armen. Denn weil wir durch unsere Schwierigkeiten demütig und klein geworden sind, hebt Gott uns durch seine Gnade auf zu ihm."

Reue reinigt uns, Erbarmen bereitet uns vor, und die wahre Sehnsucht nach Gott macht uns der Gnade Gottes wert.

- Wir müssen fest daran glauben, daß Gott uns niemals zürnt und uns niemals zurückweist. Er liebt uns immer als seine Kinder. Nichts kann uns von seiner Liebe trennen, und er vergibt uns immer wieder unsere Sünden, denn er ist voll Gnade und Erbarmen.
- Lesen Sie die oben angegebene Bibelstelle aufmerksam durch ...
- Setzen Sie sich bequem hin ... Schließen Sie die Augen ... Beruhigen Sie sich ...
- Machen Sie eine der Entspannungsübungen ...
- Der Heilige Geist lebt in Ihnen ... Bitten Sie ihn um seine Führung durch dieses Gebet, bitten Sie ihn auch, Sie die Stimme Jesu hören zu lassen wie er zu Ihnen sagt: „Deine Sünden sind dir vergeben" ...
- Versetzen Sie sich in die Lage der Maria Magdalena ... in ihre Sündhaftigkeit ... wie sie verletzt

und gebrochen vor Jesus kniet, voller Schmerz und Reue über ihre Sünden … Überlegen Sie, welche Aufgabe sie sich gesetzt hatte, und wie schlecht und wertlos sie für sich selbst zu sein schien …

- Denken Sie jetzt an Ihre eigene Situation … Ihre Sünden, Ihr Schuldbewußtsein und den Schmerz, den Sie erleiden …

- Schauen Sie nun auf zu Jesus, der vor Ihnen steht … Sie erwarten Zorn und Ärger … Er aber sieht Sie an, voll Mitleid und Erbarmen … Voller Liebe sagt er zu Ihnen: „Deine Sünden sind dir vergeben“ … Sie hören diese Worte genau … Wiederholen Sie sie immer wieder für sich … Nehmen Sie sie tief in Ihr Herz auf … Verweilen Sie bei diesen Worten, so lange Sie können … Langsam werden Sie glauben können, daß diese Worte wahr sind, daß Jesus Ihnen wirklich vergeben hat, daß er Sie geheilt hat und Sie liebt …

- Beginnen Sie, Abschied zu nehmen … Was tat Maria Magdalena? … Tun Sie, was Sie für sich als richtig empfinden …

- Öffnen Sie nun langsam Ihre Augen, und beenden Sie Ihr Gebet.

Siebtes Kapitel

Gebet und Berührung

HINFÜHRUNG

Ein Krankenhauskaplan schrieb: „Auf meinen Runden durch die Krankenstationen passiert es auch, daß mir beim besten Willen nichts Passendes mehr einfällt, was einem Patienten Trost oder Hilfe sein könnte. Manchmal sind auch die Patienten nicht mehr imstande zu verstehen, was ich ihnen sagen möchte, und obwohl ich mit ihnen reden möchte, merke ich, daß meine Worte sie nicht erreichen. Ich habe jedoch entdeckt, daß ich ihnen auf eine andere Weise oft viel besser helfen kann. Dann lege ich meine Hand auf die Stirn des Kranken und halte seine Hand; dadurch lasse ich ihn spüren, daß er in seinem Leiden nicht allein ist, daß jemand bei ihm ist und mit ihm mitfühlt."

Das zeigt uns, daß wir nicht nur durch Worte und Blicke zu einem Menschen Kontakt aufnehmen können, sondern auch sehr stark durch Berührungen. Doch gilt dies nicht nur für Körperkontakt, nein, auch auf geistiger Ebene gelingt diese Kontaktaufnahme.

Jesus kam auf die Erde, um uns die Frohe Botschaft unserer Erlösung zu bringen. Wie machte er das? In erster Linie hat er gepredigt und zu den Menschen gesprochen. Doch ist noch etwas anderes wichtig: Er berührte die Menschen. Er legte ihnen die

Hände auf. Er nahm sie bei der Hand, hob sie auf oder führte sie beiseite. Er nahm Kinder in seine Arme und drückte sie an sich. Wir lesen, wie er die Kranken berührte, seine Hände auf die Augen der Blinden, auf die Ohren der Tauben und an die Zungen der Stummen legte. Nach seiner Verklärung sanken die drei Jünger vor Angst und Schrecken zu Boden. Jesus kam und berührte sie und sagte: „Steht auf, fürchtet euch nicht."

Viele Stellen in den Evangelien erzählen, wie Jesus die Menschen berührte oder ihnen seine Hände auflegte. Er nahm die Schwiegermutter des Petrus bei der Hand, hob sie auf und heilte ihr Fieber. Oder denken wir an die beeindruckende Szene, in der Petrus auf dem Wasser geht und dann, sobald er Angst bekommt, ins Wasser sinkt. Jesus streckt sofort seine Hand nach ihm aus und hält ihn fest. Sie kennen auch die rührende Geschichte, in der Jesus die zwölfjährige Tochter des Jairus, die bei seiner Ankunft bereits tot war, bei der Hand nimmt und wieder zum Leben erweckt.

Was können wir heute daraus lernen? Auch wir können durch unsere Vorstellungskraft Jesus sehen, hören, berühren und spüren. Im Gebet können wir erkennen, daß auch uns Jesus seine Hände auflegt; wir können seine Berührung erleben, seinen stützenden Griff fühlen – ja, sogar seine Umarmung erfahren! Es mag an dieser Stelle nützlich sein, wenn wir über die Hände Jesu nachdenken.

Viele Jahre lang war Jesus ein Handwerker; er hat als Zimmermann seine Hände für die Arbeit eingesetzt. Während seiner Jahre in der Öffentlichkeit wurden diese Arbeitshände heilende und segnende Hände. Immer wieder hielt er sie im Gebet dem Himmel entgegen und berührte damit die Kranken, um sie zu trösten und zu heilen. Mit diesen Händen segnete er die Brotlaibe und die Fische und verteilte sie an die Menge. Beim letzten Abendmahl nahm er das Brot in seine Hände, segnete es und brach es und teilte es aus, um durch das Brot sich selbst als Speise für uns alle zu geben. Mit diesen Händen berührte er so viele Menschen und Dinge. Sie wurden für uns mit Nägeln durchbohrt und dann den Aposteln gezeigt als Beweis für seine Auferstehung.

Jesus berührt uns

Wir wollen uns nun vorstellen, daß Jesus uns mit seinen heiligen Händen berührt, was für uns ein Zeichen seiner Gegenwart sein wird, seiner Nähe zu uns.

Doch inmitten der täglichen Sorgen und Hektik ist es oft schwierig, dies zu empfinden. Wir versuchen daher ganz still und ruhig zu werden, um ganz auszukosten, wie lebendig die Berührung Jesu ist. Wir spüren seine Hände auf uns und konzentrieren alle unsere Aufmerksamkeit auf seine Berührung. Wenn uns etwas ablenken will, kehren wir einfach zurück zum Bewußtsein, daß seine Hände uns berühren. Wir können auch in wenigen Worten das, was wir empfinden oder gerne empfinden würden, zum Ausdruck bringen: „Ich spüre, wie du mich berührst, Herr."

Wir sollten dieses Erlebnis, dieses Gefühl, von ihm berührt zu werden, einfach auskosten. Dann aber können wir auch all das, was Jesu Berührung in uns bewirkt und hervorruft, an die Oberfläche gelangen lassen – Freude, Furcht, Ehrfurcht, ein Gefühl des Glücks, Geborgenheit … Es kann auch sein, daß Jesus durch seine Berührung vergangene Sorgen oder Trauer, eine alte Verletzung oder Ängste, die uns plagen, wieder wachruft. Doch sorgen wir uns nicht, denn was immer auch zutage kommt, er kann es heilen und wird uns trösten.

Die Methode des Handauflegens ist in letzter Zeit wieder sehr beliebt geworden. Ich kenne mehrere Ärzte, die ihren Patienten die Hände auflegen und für sie beten – nicht in erster Linie als Heilmethode, sondern als psychologische Unterstützung, sozusagen als Gebet für die Kraft, die Krankheit zu ertragen. Auch andere Gruppen bedienen sich dieser Praktik. Die Charismatische Bewegung verwendet vor allem kurze Fürbitten in Verbindung mit dem Handauflegen. Seit der Zeit der Apostel ist das Handauflegen auch ein wichtiger Bestandteil der Zeremonie bei der Priesterweihe. Wir kennen die Art, wie eine Mutter ihrem Kind die Hand auflegt, wie sie es hält, wenn es krank ist oder sich wehgetan hat.

Wenn ich für andere Menschen bete, versuche ich stets, mich mit ihnen so weit wie möglich zu identifizieren. Dann bitte ich Jesus, mir seine Hände aufzulegen und seine Kraft, seine Energie, sein Leben in mich überfließen zu lassen und mich auszufüllen, mich durch und durch lebendig werden zu lassen und alles zu verbrennen, was krank und sündhaft ist, und mich wieder ganz werden zu lassen. Alles, was mir der Herr gewährt, geht dann durch mich über auf den Menschen, für den ich bete.

Wenn wir jemandem die Hand halten, können wir damit vieles ausdrücken. Wir können sagen: ‚Komm mit mir', oder: ‚Komm, und ich werde dir bei deinen Schwierigkeiten helfen.' Wir können aber auch sagen: ‚Ich stehe neben dir' oder: ‚Ich halte dich fest, damit du nicht hinfällst.' Einem Kranken können wir dadurch sagen: ‚Ich bin bei dir, ich möchte dich trösten und dir Hoffnung machen.' Beim Abschied von einem Menschen wollen wir sagen: ‚Wo du auch hingehst und was du auch tust, möge es dir gut gehen.'

Sehen Sie, wie viele Bedeutungen ein einfacher Händedruck haben kann? Wieviel mehr muß dann dahinterstecken, wenn Jesus selbst uns die Hand reicht!

Jesus hat nicht ständig über Liebe und Freundschaft gesprochen. Er gab uns jedoch deutliche Beweise seiner Liebe – etwa, indem er Menschen heilte, oder in der Weise, wie er mit den Sündern umging, oder wenn er Kinder in seine Arme nahm. Nichts kann uns daran hindern, in unserer Imagination wieder zum Kind zu werden und uns von Jesus in die Arme schließen zu lassen! Vielleicht fällt es uns schwer, uns als Kinder zu sehen? Auch wenn wir heute erwachsen sind, so steckt doch tief in uns noch das Kind, das auf die Berührung und Liebe Jesu reagieren kann!

ÜBUNGEN

Unser Tastsinn

Vielleicht müssen wir unseren Tastsinn erst einmal bewußt wahrnehmen. Es kommt nämlich vor, daß unsere Fähigkeit, Berührungen zu empfinden, verkümmert ist, weil wir ihr nicht genug Aufmerksamkeit gewidmet haben, indem wir zu kopflastig leben. Uns entgeht dadurch bestimmt vieles; in unserem Gebetsleben jedenfalls werden wir durch diesen Mangel sehr eingeschränkt. Bei dieser ersten Übung ist es wichtig, daß wir lernen, wie sich etwas anfühlt, und was wir spüren, wenn wir etwas berühren. Es gibt Menschen, die kaum ihre eigenen Gliedmaßen spüren können. Sie wissen verstandesmäßig zwar, wo sich Arme und Beine befinden, denn sie haben ein mentales Bild davon, aber sie spüren sie nicht. Wir dürfen nicht nur denken und sprechen, wir müssen auch fühlen, spüren, lieben und mit unserem Herzen Dinge erkennen, denn das ist Kontemplation.

Um sich seines Tastsinnes bewußter zu werden, ist es eine gute Methode, auf alle Empfindungen des Körpers zu achten. Ich hoffe, diese erste Übung kann Ihnen dabei eine Hilfe sein.

- Setzen Sie sich bequem hin … Schließen Sie die Augen … Beruhigen Sie sich …

- Machen Sie eine der Entspannungsübungen …

- Der Heilige Geist lebt in Ihnen … Bitten Sie ihn um seine Führung durch dieses Gebet, bitten Sie ihn auch, Sie die verschiedenen Empfindungen Ihres Körpers erkennen zu lassen …

- Achten Sie jetzt darauf, wie sich Ihre Kleider auf Ihren Schultern anfühlen … oder wie Ihr Rücken die Stuhllehne berührt … Ihre Hände berühren sich … Ihre Oberschenkel berühren die Sitzfläche des Stuhls … Wie empfinden Sie es, daß Ihre Füße in Schuhen den Boden berühren? … Wie fühlt es sich an, daß Sie sitzen? … Werden Sie sich einfach all der kleinen Empfindungen bewußt … dieser Berührungen …

- Sie spüren den Windhauch, der sanft Ihren Körper umspielt … Sie spüren die Hitze der Sonne oder der Heizung … Sie spüren auch die Kälte oder die Wärme der Luft … Sie berühren einen Gegenstand: Spüren Sie seine Struktur … Wie fühlt er sich an? …

Ist er rauh oder glatt? Warm oder kalt? ... Spüren Sie die Kleidung, die Sie tragen ... Spüren Sie alles, mit dem Sie in Berührung kommen ...

- Achten Sie darauf, wie unterschiedlich sich die Dinge anfühlen ... wie unterschiedlich Ihre Empfindungen sind ... Gehen Sie einfach den Empfindungen Ihres Körpers nach, wie Sie sie erfahren ... Nehmen Sie sie in aller Ruhe wahr ...
- Wenn Sie das mehrmals wiederholen und auch im Alltag den verschiedenen Empfindungen nachspüren, werden Sie feststellen, wie lebendig Sie geworden sind, um wieviel mehr Sie in der Gegenwart zu leben begonnen haben ...
- Öffnen Sie nun langsam Ihre Augen, und beenden Sie Ihr Gebet.

Gott spüren in allem, was ist

Die Menschen sehnen sich nach Gott. Sie wollen ihm begegnen. Sie wollen ihn erfahren, mit ihm in Verbindung kommen. Wir denken immer, das müsse sehr schwer sein und sei nur heiligmäßigen Menschen möglich. Doch die Verbindung mit Gott ist eine Gnade, ein Geschenk Gottes, und jeder kann es erhalten. Nichts kann diese Verbindung zu Gott zustandebringen – nur er selbst. Doch wir können uns dafür öffnen, wir können Gott entgegenkommen. Tatsächlich – so einfach ist das. Wir müssen nur wenig dazu tun. Wir müssen uns nur beruhigen, still werden und uns einer so einfachen Sache bewußt werden wie dem Gefühl unserer Hand. Denn in diesem einfachen Beispiel der Bewußtseinswerdung ist uns Gott, der in uns lebt und wirkt und uns berührt, nahe – so nahe, wie er uns nur sein kann. Denn Gott ist in allen Dingen, und alle Dinge sind in ihm.

- Setzen Sie sich bequem hin ... Schließen Sie die Augen ... Beruhigen Sie sich ...
- Machen Sie eine der Entspannungsübungen ...
- Der Heilige Geist lebt in Ihnen ... Bitten Sie ihn um seine Führung durch dieses Gebet, bitten Sie ihn auch, Sie die verschiedenen Empfindungen Ihres Körpers erkennen zu lassen ... und in allen Dingen Gott, der alles schuf und in allem lebt und wirkt, erkennen zu lassen ...
- Achten Sie eine Zeitlang auf so viele Empfindungen Ihres Körpers wie möglich ...
- Bringen Sie sich zu Bewußtsein, daß jede Ihrer Empfindungen, unabhängig davon, wie stark sie ist, das Ergebnis einer chemischen Reaktion Ihres Körpers ist, die es ohne Gottes Allmacht nicht geben könnte ... Spüren Sie nun Gottes Wirken in allem, was Sie fühlen ... in jeder kleinsten Empfindung ...
- Spüren Sie, wie er Sie mit jeder Empfindung berührt ... Seine Berührung ist wie das, was Sie gerade spüren: rauh, glatt, weich, hart, schmerzhaft, angenehm ...
- Spüren Sie nun, wie durch seine Berührung seine Energie, seine Kraft, sein Leben in Sie übergehen ... Spüren Sie, wie die Energie, das göttliche Leben durch seine Berührung durch alle Poren in Sie hineinströmen ...

- Strecken Sie im Geiste Ihren Arm aus, und berühren Sie jemanden; spüren Sie, wie Gottes Kraft nun von Ihnen auch auf diese Person überfließt …
- Nehmen Sie Abschied von der Gotteserfahrung, die Sie in dieser Gebetsübung gemacht haben … Sagen Sie Gott noch, was Sie ihm sagen möchten … Sagen Sie ihm Dank …
- Öffnen Sie nun langsam Ihre Augen, und beenden Sie Ihr Gebet.

Die Hände Jesu

Manche Menschen zur Zeit Jesu waren nicht in der Lage, ihn zu sehen oder zu hören. Dafür konnten sie ihn berühren, seine Hände spüren und sogar seine Umarmung erleben.

Wenn die Menschen damals all das konnten, müßten wir heute eigentlich auch irgendwie dazu imstande sein. In unseren Gebeten können wir Jesus mit unseren inneren Augen und Ohren sehen und hören. Mit den Fähigkeiten unseres Herzens können wir ihn berühren und spüren. Im Gebet können wir spüren, wie Jesus uns seine Hände auflegt; wir erfahren seine Berührung, seinen stützenden Griff, sogar seine Umarmung …

- Setzen Sie sich bequem hin … Schließen Sie die Augen … Beruhigen Sie sich …
- Machen Sie eine der Entspannungsübungen …
- Der Heilige Geist lebt in Ihnen … Bitten Sie ihn um seine Führung durch dieses Gebet, bitten Sie ihn auch darum, Sie die Hände Jesu, des Meisters allen Gebetes, sehen zu lassen …

- Sehen Sie die Hände Jesu ... versuchen Sie, darüber nachzudenken, Sie zu betrachten, so lange Sie können ... Es sind die Hände, mit denen er so viele Jahre lang als Zimmermann gearbeitet hat ... Während seiner Jahre in der Öffentlichkeit wurden diese Hände zu heilenden und tröstenden Händen ... Die Kranken sehnten sich danach ... Es sind dieselben Hände, die Jesus so oft im Gebet zum Himmel hochhielt ... um sie dann wieder den Kranken aufzulegen und zu heilen und zu trösten ...

- Dies sind die Hände, mit denen er das Brot segnete und brach und es an die Jünger austeilte, damit diese es wiederum an die Hungrigen verteilten ... Beim Letzten Abendmahl nahmen diese Hände das Brot, segneten es und brachen es, und er gab sich im Brot hin für uns alle ...

- Dies sind die Hände, mit denen er so viele Menschen und Dinge berührte und segnete ... Sie wurden für uns von Nägeln durchbohrt ... und galten den Aposteln als der Beweis für seine Auferstehung ...

- Seine rechte Hand faßte nach der Hand des Blinden und führte ihn fort von der Menge an einen ruhigen Platz, wo er ihn heilen konnte ... Mit dieser Hand nahm er auch die Hand der Schwiegermutter des Petrus, um ihr von ihrem Krankenlager aufzuhelfen ... Mit derselben Hand hielt er Petrus fest, der in den Fluten unterzugehen drohte ... Er nahm auch die Hand der Tochter des Jairus in seine Rechte und rief sie ins Leben zurück ...

- Sobald Sie es für gut halten, kommen Sie an den Schluß Ihres Gebetes. Danken Sie Gott ...

- Öffnen Sie nun langsam Ihre Augen und beenden Sie Ihr Gebet.

Jesus gibt mir die Hand (Mt 14,22–33)

Aus vielen Gründen geben wir uns oft die Hand. Vielleicht wollen wir einen blinden oder alten Menschen führen; oder wir fordern jemanden auf, mit uns zu kommen. Manchmal gilt die gereichte Hand auch als Zeichen des Tröstenwollens, des Mitgefühls und der Sorge um diesen Menschen. Wir reichen einander die Hand, wenn wir uns begrüßen oder verabschieden, oder wenn wir uns mit dem anderen versöhnen wollen. Jesus hat wohl auch aus anderen Gründen oft jemandem die Hand gereicht … Stellen wir uns vor, wir lebten zu seiner Zeit. Er begegnet uns und reicht auch uns seine Hand … Für diese Betrachtung können wir jedes Ereignis aus dem Neuen Testament nehmen, doch vielleicht ist es einfacher, sich an eine Szene zu halten, in der Jesus überliefertermaßen jemandem die Hand gereicht hat.

- Setzen Sie sich bequem hin … Schließen Sie die Augen … Beruhigen Sie sich …
- Machen Sie eine der Entspannungsübungen …
- Der Heilige Geist lebt in Ihnen … Bitten Sie ihn um seine Führung durch dieses Gebet … Er ist der Meister allen Betens …
- Sie sehen Jesus … stellen Sie sich seine Hände vor … die Menschen, die er mit diesen Händen berührte und bei den verschiedensten Gelegenheiten an die Hand nahm …
- Sehen Sie sich selbst in Ihrer eigenen Lage … Viel-

leicht fühlen auch Sie sich wie damals Petrus, als hätten Sie keinen Boden mehr unter den Füßen … Rufen Sie aus: „Herr, hilf mir!" … Spüren Sie, wie er seine Hände nach Ihnen ausstreckt und Sie festhält … Spüren Sie seine kräftigen Hände … Fassen Sie Mut und haben Sie Vertrauen … Sie glauben … Bewahren Sie dieses Bild von Jesus, der Sie festhält und vor dem Untergang bewahrt, so lange Sie können … Seien Sie sich dessen bewußt, daß es die Hände Jesu sind, die Sie halten … Ihre ganze Situation kann sich dann verbessern, obwohl Sie es vielleicht zuerst nicht einmal bemerken …

- Sobald Sie dazu bereit sind, beenden Sie Ihr Gebet. Danken Sie Gott, und öffnen Sie langsam Ihre Augen.

„Und er wurde rein" *(Mt 8,1–4; Mk 1,40–45; Lk 5,12–14)*

Manchmal belasten uns unsere Sündhaftigkeit, unsere Zerrissenheit und unsere inneren Verletzungen sehr. Dann fühlen wir uns bedrückt von unserer eigenen Schwäche, von unserer Unvollkommenheit und unseren Fehlern. Manchmal wiegt unsere Last an Schuld und Sorgen zu schwer, oder die Verletzungen und Wunden liegen zu tief. Hier kann es uns vielleicht eine kleine Erleichterung verschaffen, wenn wir uns daran erinnern, wie Jesus den Aussätzigen berührte und ihn rein machte.

Durch das Wissen um die heilende Berührung der Hände Jesu können auch wir uns ihm anvertrauen und seine Liebe zu uns erfahren. Durch seine Berührung kann er uns von allem, was uns unfrei macht, befreien und reinigen.

- Setzen Sie sich bequem hin … Schließen Sie die Augen … Beruhigen Sie sich …
- Machen Sie eine der Entspannungsübungen …
- Der Heilige Geist lebt in Ihnen … Bitten Sie ihn um seine Führung durch dieses Gebet, er ist der Meister allen Gebetes …
- Sehen Sie die Hände des Herrn … denken Sie an alle Menschen, die er damit berührt hat und an die Heilung, die er ihnen damit gebracht hat …
- Denken Sie besonders an die Geschichte vom Aussätzigen … Versetzen Sie sich in seine Lage … Was fühlte er? … Was empfand Jesus? … Was tat Jesus? … Und was geschah dann? …
- Sehen Sie sich selbst als Aussätzigen, bedrückt von Ihrem ganzen Leben … spüren Sie das Erbarmen, das Jesus mit Ihnen hat … er nimmt Ihre Hand und legt Ihnen seine andere Hand auf … Spüren Sie seine Berührung … Seien Sie sich bewußt, daß Jesus Sie berührt … Sie, den Sünder, den Ausgestoßenen … Er hat den Aussätzigen reingemacht; er kann also auch Sie reinigen von allem Unheil …
- Sobald Sie bereit sind, beenden sie Ihr Gebet … Danken Sie Gott, und öffnen Sie langsam Ihre Augen …

Jesus umarmt uns vom Kreuz herab

Im „House of Prayer", dem Meditationshaus in Burn Hall, etwa 3 km von Durham entfernt, haben wir ein wunderschönes Kruzifix mit dem heiligen Franziskus, der darunter steht. Jesus neigt sich vom Kreuz herab und ist im Begriff, Franziskus zu umarmen.

Vielleicht denkt jetzt der eine oder andere: „Gut, das verdient Franziskus vielleicht, er war ein Heiliger; ich aber bin nur ein ganz gewöhnlicher Mensch."

Doch ist Jesus nicht für jeden gestorben? Ist die Liebe, die er in seinem Leiden und Tod zum Ausdruck gebracht hat, nicht an uns alle gerichtet? Wenn das so ist, können wir dann nicht auch aufschauen zum Kreuz in demütigem Staunen angesichts seines Erbarmens und seiner Güte uns gegenüber? Dann sehen wir mit unserem inneren Auge, wie Jesus seine Arme vom Kreuz löst und sie uns entgegenstreckt und jeden von uns umarmt ...

- Setzen Sie sich bequem hin ... Schließen Sie die Augen ... Beruhigen Sie sich ...
- Machen Sie eine der Entspannungsübungen ...
- Der Heilige Geist lebt in Ihnen ... Bitten Sie ihn um seine Führung durch dieses Gebet, er ist der Meister allen Gebetes ...
- Schauen Sie innerlich auf zum Kreuz ... Sie sehen Jesus ... seine Demut, seine Güte, seine überwältigende Liebe ... Stellen Sie sich vor, daß er sich vom Kreuz herabneigt und Sie in seine Arme nimmt ... Spüren Sie seine Arme um Ihren Körper ...
- Verweilen Sie in dieser Umarmung, so lange Sie können ... Kosten Sie aus, genießen Sie das Wohlgefühl, als normaler Mensch mit Schwächen und Stärken fühlen Sie die Liebe Gottes, akzeptieren Sie sie ... Diese Liebe gilt wirklich Ihnen ...
- Sobald Sie bereit sind, beenden Sie Ihr Gebet ... Danken Sie Gott, und öffnen Sie langsam Ihre Augen ...

Der Jünger, den Jesus liebte

Wir kennen alle jene Stelle beim Letzten Abendmahl (Joh 13,23), die davon berichtet, daß der Jünger, den Jesus liebte, „an seiner Seite lag". Viele Künstler zeigen uns die beiden Freunde in ihren Gemälden – Johannes, der seinen Kopf an die Brust Jesu gelegt hat, und Jesus, der in seiner Rechten Johannes' rechte Hand hält. Den linken Arm hat Jesus um Johannes' Schultern gelegt. Diese Geste sollte Johannes wahrscheinlich klarmachen: ‚Du bist sicher, du bist geborgen.' Johannes antwortet darauf, indem er die Hand Jesu hält, an der Brust des Herrn ruht und auf diese Weise zeigt, daß er sich sicher und geborgen fühlt.

Gott ist Liebe, und Jesus ist in die Welt gekommen, um uns seine Liebe zu erweisen. Wir wollen nun durch eine Übung ein wenig von dieser großen Liebe erfahren.

- Setzen Sie sich bequem hin … Schließen Sie die Augen … Beruhigen Sie sich …
- Machen Sie eine der Entspannungsübungen …
- Der Heilige Geist lebt in Ihnen … Bitten Sie ihn um seine Führung durch dieses Gebet … Er ist der Meister allen Betens …
- Versetzen Sie sich in die erwähnte Stelle mit Jesus und Johannes beim Letzten Abendmahl … Sie sehen alle Details und nehmen teil an der Nähe dieser beiden Personen …
- Stellen Sie sich vor, Sie dürften den Platz des Johannes einnehmen … Sie sitzen neben Jesus … lehnen Ihren Kopf an seine Schulter … Sie spüren, wie er Ihre Hand in seine nimmt … und seinen an-

deren Arm um Sie schlingt … Spüren Sie seine Berührung und seine Nähe … Sie erleben eine tröstliche Geborgenheit … tiefen Frieden … Sie fühlen sich bei Jesus daheim … geliebt … Nichts sonst ist mehr wichtig …

- Sobald Sie dazu bereit sind, beenden Sie Ihr Gebet … Danken Sie Gott, und öffnen Sie Ihre Augen.

Achtes Kapitel

Beten und Sehen

HINFÜHRUNG

Der Pfarrer von Ars, der in der ersten Hälfte des vergangenen Jahrhunderts wirkte, hatte in seiner Pfarrei einen Mann, der regelmäßig in die Kirche kam, entweder abends an Werktagen oder sonntags am Nachmittag. Er saß immer am selben Platz, machte jedoch nie den Eindruck, daß er in irgend ein Gebet vertieft wäre. Er saß einfach nur da und schaute geradeaus, manchmal länger als eine Stunde.

Eines Tages sprach ihn der Pfarrer an und fragte, welches Gebet er spreche. Der Mann gab zur Antwort: „Was ich hier tue, ob ich bete oder nicht, weiß ich nicht. Ich betrachte einfach Jesus." Der Pfarrer erwiderte: „Sie fragen mich, ob Sie hier beten oder nicht? Natürlich beten Sie! Was Sie hier tun, ist eine der schönsten Formen des Gebets! Man nennt es Kontemplation." Dieses schwierige Wort verwirrte den Mann, doch er war zufrieden zu wissen, daß seine Art zu beten den Pfarrer so freute. Das Wort „Kontemplation" stammt aus dem lateinischen „contemplare"; es bedeutet soviel wie „betrachten, anschauen, anstaunen, bewundern", und das war es ja, was der Mann in der Kirche von Ars tat.

Ich möchte hier noch einiges zur Kontemplation und zu ihrem Verhältnis zu unserem physischen Gesichtssinn anmerken. Wir können auf vielerlei Arten sehen. Wir können etwas nur flüchtig sehen, oder wir können bewußt danach Ausschau halten und, wenn wir es dann erblickt haben, es genau von allen Seiten betrachten. Wir können es eingehend prüfen, es bewundern, bestaunen, es in uns aufnehmen und ganz von dem erfüllt sein, was wir sehen. Wenn es sich dabei um einen Menschen handelt, brauchen wir ihn gewöhnlich nicht in allen Details zu betrachten. Es reicht, wenn wir den Menschen anschauen, ihn bewundern und lieben können.

Jeder normale Mensch kann seine Vorstellungskraft einsetzen; er nährt diese Kraft schlicht aus der Erinnerung, aus dem Gedächtnis. Alles, was wir irgendwann in unserem Leben gesehen haben, ist in unserem Gedächtnis gespeichert und kann später vor unser geistiges Auge gerufen werden.

Auch können wir uns etwas ausmalen, was wir in Wirklichkeit nie gesehen haben. Das geschieht etwa, wenn jemand seinen Urlaub in einem uns fremden Land beschreibt. Durch seine Beschreibung können wir uns ein Bild, eine Vorstellung von der Landschaft dort machen.

Um dieses Bild zu formen, verwenden wir kleine Bestandteile aus unserem Gedächtnisspeicher, zum Beispiel Berge, Täler, Häuser, Wiesen und Bäume. Nun spielen wir ein bißchen herum und setzen diese gespeicherten Teile je nach Bedarf immer wieder zu neuen Bildern zusammen. Wenn wir uns eines frohen Ereignisses entsinnen, sehen wir es in inneren Bildern. Bauen wir Luftschlösser, erscheint das Bild vor unserem inneren Auge. Denken wir an einen geliebten Menschen, können wir ihn oft recht nahe sehen, obwohl er in Wirklichkeit sehr, sehr weit weg sein mag.

All das können wir auch im Gebet tun; wir nennen es – wie schon gesagt – das imaginative Beten, das

Beten mit der Vorstellungskraft. Es ist nicht so, daß wir Gott dabei viel geben würden, im Gegenteil, wir erhalten unermeßlich viel von ihm. Dieses innere Sehen kann ebenso wahres Gebet sein wie vieles andere, und es steht uns frei, diese Gebetsform zu praktizieren.

Wenn wir Dinge mit unserem inneren Auge sehen, geht es nicht darum, jedes kleinste Detail zu verstehen, sondern darum, daß wir uns vom Gesamtbild beeindrucken lassen. Das gilt umso mehr, wenn wir Dinge betend betrachten wollen. In unserer Gebetstradition wird dies das „Gebet des einfachen Schauens" genannt.

Die Mutter, die am Bett ihres kranken Kindes wacht, wird nicht ständig nach Krankheitsanzeichen oder nach den Ähnlichkeiten mit diesem und jenem Verwandten im Gesicht des Kindes forschen. Oft wird sie einfach nur das Kind betrachten, sonst nichts.

Wenn wir etwas Wunderschönes sehen, einen stillen See, einen herrlichen Sonnenuntergang oder eine schöne Blume, staunen wir über das Wunder. Wir zerbrechen uns nicht den Kopf darüber, was der Name der Blume sein mag, warum sie da wächst, zu welchem Zweck sie existiert. Wir betrachten sie einfach und freuen uns daran, und daran ist bei weitem mehr unser Herz beteiligt als unser Kopf. So können wir auch beten.

Wir haben jetzt von den inneren Bildern gesprochen, als wäre es die einfachste Sache der Welt, sich so ein Bild zurechtzulegen. Doch manchmal kann das auch ziemlich schwierig sein. Vielleicht bedeutet dies, daß unsere Vorstellungskraft nicht sehr entwikkelt ist, oder es liegt am Bild, das wir sehen wollen. Wenn wir uns Jesus vorstellen sollen, wissen wir oft nicht ganz genau, welches Bild wir uns von ihm machen sollen. Das wird aber noch viel schwieriger, wenn wir uns Gott vorstellen sollen. Gott ist unsichtbar und kann deshalb nicht von uns in ein bestimmtes Bild gefaßt werden. Hier stellt sich uns nicht nur die Frage, ob wir uns grundsätzlich ein Bild von Gott machen dürfen, sondern auch, ob wir überhaupt imstande sind, irgendein Bild zu imaginieren, das Gott darstellt. Wir dürfen also nicht vergessen, was *sehen* bedeutet und was mit uns geschieht, wenn wir etwas erblicken.

Zu sehen bedeutet, etwas bewußt aufzunehmen. Wir erkennen, daß etwas oder jemand vor uns und darum für uns gegenwärtig ist. Das gilt auch für Jesus und Gott. Wir müssen nicht unbedingt eine Person, eine Gestalt vor unserem inneren Auge sehen. Schließen wir einfach unsere Augen und schauen wir in den leeren Raum vor uns: Mitten im Raum steht Gott. Wir lassen den Glauben, der Gottes Gegenwart erkennt, so stark werden, daß wir am liebsten ausrufen würden: Ja, ich sehe dich, mein Gott, ich sehe dich! Dieses *Sehen* ist echt, es ist das *Sehen* mit den Augen des Glaubens. Wir schauen nun hin zu ihm, der da ist vor uns.

Auf diese Weise erübrigen sich Fragen, die sich danach erkundigen, wo Gott ist und wie er aussieht. Lassen wir einfach die Augen unseres Herzens und unseres Glaubens wieder auf ihm ruhen.

Jener Mann in Ars erzählte dem Pfarrer, er würde Jesus betrachten, doch können wir gewiß sein, daß sein Schauen ein Sehen geworden ist – ein Sehen mit den Augen seines Herzens und seines Glaubens, die unablässig auf das Kruzifix am Tabernakel gerichtet waren. Er war ein reiner Empfänger, ein wahrer Seher, und das so sehr, daß ihm der Gedanke an ein anderes Gebet gar nicht kam. Er brauchte keine Worte – er mußte nur dort sitzen und schauen.

ÜBUNGEN

„Seht die Lilien auf dem Feld" (Mt 6,25–34)

Jesus rät uns, die Lilien auf dem Feld und die Vögel in der Luft anzusehen. Doch schauen wir sie wirklich jemals an? Und wenn, dann sehen wir sie kaum, weil unser Denken nicht auf sie gerichtet ist. Unser Denken beschäftigt sich meist mit der Vergangenheit oder der Zukunft. Selten konzentrieren wir uns wirklich auf das, was wir anschauen. Versuchen Sie zum Beispiel bei Ihrem nächsten Spaziergang auf dem Lande, auf das Gras neben der Straße, auf die Vögel und Kühe und die anderen Tiere zu achten. Schauen Sie sie an, sehen Sie sich satt an ihnen und genießen Sie ihre Schönheit. Das gilt aber auch für diejenigen, die in der Stadt leben. Beinahe überall gibt es Parks, kleine oder große, mit Blumen, Bäumen und Büschen. An diesen Orten findet sich genug Natur, um unsere Herzen zu erfreuen.

Wenn wir diese Plätze betrachten, müssen wir nicht über sie nachdenken, sondern einfach nur schauen, hören und – wie die Blumen auf dem Felde und die Vögel in der Luft – einfach dasein. Die Natur lehrt uns ganz ausgezeichnet, einfach nur dazusein! Lassen Sie uns also zunächst schauen, auch mit unseren richtigen Augen, doch gehen wir dann einen Schritt weiter und betrachten das Ganze mit unserem Herzen.

- Nehmen Sie eine bequeme Haltung ein … Schließen Sie die Augen …
- Machen Sie eine der Entspannungsübungen …
- Der Heilige Geist lebt und wirkt in Ihnen … Vergessen Sie das nicht … Bitten Sie ihn, Sie in diesem Gebet zu führen …
- Nehmen Sie behutsam eine Blume in die Hand … Betrachten Sie sie mit großer Zärtlichkeit, mit dem inneren Auge, daß hinter Ihren äußeren Augen liegt … Schauen Sie weiterhin voll Liebe auf die Blume und betrachten Sie sie lange … Lassen Sie die Blume ganz sie selbst sein … ein Meisterwerk Gottes …
- Analysieren Sie nicht, sondern nehmen Sie die Blume als Ganze auf und betrachten Sie sie … Seien Sie gut zu ihr … Lassen Sie sie sein, was sie ist: eine Blume …
- Die Blume darf sich nun langsam zurückziehen … Verweilen Sie noch ein wenig in Ihrem inneren Frieden, in der inneren Wahrheit …
- Sobald Sie möchten, beenden Sie Ihr Gebet … Danken Sie Gott, und öffnen Sie Ihre Augen.

Ein Kirchenbesuch

Wenn wir uns an ein schönes Erlebnis erinnern, sehen wir die entsprechenden Bilder in uns. Wenn wir phantasieren, sehen wir in Bildern vor unserem geistigen Auge. Dasselbe können wir im Gebet tun. Wir können uns an einen Kirchenbesuch erinnern, der uns sehr bewegte und bei dem wir von der Schönheit des Gebäudes überwältigt waren. Diese Erfahrung können wir innerlich wiederholen, und wir können aufs neue tief im Herzen bewegt werden und Gott preisen.

- Nehmen Sie eine bequeme Haltung ein … Schließen Sie die Augen …
- Machen Sie eine der Entspannungsübungen …
- Der Heilige Geist lebt und wirkt in Ihnen … Vergessen Sie das nicht … Bitten Sie ihn, Sie in diesem Gebet zu führen … Ihre inneren Augen zu öffnen und sie bereit sein zu lassen für das Erlebnis …
- Denken Sie an eine Kirche, die Sie einst besuchten, eine, die Sie sehr beeindruckt hat in ihrer Schönheit und vielleicht auch durch die Gebetsatmosphäre …
- Sammeln Sie sich und versuchen Sie, das Bild der Kirche aus Ihrem Gedächtnis nachzuzeichnen … Sie sehen die Leute in der Kirche, hören das Beten oder die Musik, alles, was Sie damals so beeindruckt hat …
- Versuchen Sie, die Erfahrung von damals neu zu erleben. Lassen Sie sich selbst berühren von dem, was Sie sehen und hören. Betrachten Sie die Schönheit dieser Erfahrung … Sie fühlen sich ganz nah bei Gott …
- Sobald Sie möchten, beenden Sie Ihr Gebet … Danken Sie Gott, und öffnen Sie Ihre Augen.

Jesus sieht dich an

Die heilige Theresia von Avila riet ihren Mitschwestern immer wieder, Jesus anzusehen und festzustellen, wie er sie betrachtete. Dies war eine der Gebetsformen, die sie am meisten schätzte. Sie sagt: „Schau hin zu ihm, der dich betrachtet.“ Sie beschreibt die Art, wie Jesus uns ansieht, mit zwei Wörtern: *liebevoll* und *demütig*. Er schaut uns an in Liebe und in Demut.

Das ist für uns wohl etwas schwer zu begreifen. Wir wollen nicht sehen und darum nicht zugeben, daß Jesus uns liebevoll und demütig ansehen kann. Wir halten viel zu wenig von uns selbst und schätzen Jesus zudem ganz anders ein. Möglich, daß er uns mit Liebe betrachtet, wenn wir ein sehr gutes und heiligmäßiges Leben führen, doch weil das kaum der Fall ist, wie sollte er uns da mit Liebe anschauen? Und mit Demut – er, der Schöpfer, der Sohn Gottes, der Heiland und Meister! Demut?

Jesus ist unser Diener und Knecht, er wäscht uns die Füße. Er ist nicht gekommen, um bedient zu werden, sondern um zu dienen. Aus freiem Willen ist er für uns am Kreuz gestorben – aus Liebe zu uns. Er erniedrigte sich aus Liebe zu uns. Sollte also Jesus uns nicht in Liebe und Demut ansehen?

- Nehmen Sie eine bequeme Haltung ein … Schließen Sie die Augen …
- Machen Sie eine der Entspannungsübungen …
- Der Heilige Geist lebt und wirkt in Ihnen … Vergessen Sie das nicht … Bitten Sie ihn, Sie in diesem Gebet zu führen … Er ist der Geist Jesu. Er wird Ihnen helfen, Jesus mit den inneren Augen der Liebe zu sehen … sehen, wie er Sie in Liebe und Demut betrachtet …
- Stellen Sie sich vor, Sie sehen Jesus vor sich … Er

schaut Sie an ... Nehmen Sie die Liebe in seinem Blick wahr ... und die Demut ...

- Betrachten Sie ihn, der Sie ansieht – lassen Sie sich betrachten ... Lassen Sie sich geliebt werden ... Verweilen Sie in seinem Blick voll Liebe, so lange Sie können ... Tun Sie nichts, sagen Sie nichts ... Lassen Sie seinen Blick voll Liebe und Demut in Ihr Herz eindringen ...
- Sobald Sie möchten, beenden Sie Ihr Gebet ... Danken Sie Gott, und öffnen Sie Ihre Augen.

Der Herr und der Diener

In ihrem Buch „Die Offenbarungen der göttlichen Liebe“ sieht die Mystikerin Juliana von Norwich zwei Personen in körperlicher Gestalt: einen Herrn und einen Diener. Der Herr sitzt feierlich da, voll Frieden und Ruhe. Der Diener steht demütig neben dem Herrn, bereit, jeden seiner Wünsche zu erfüllen. Der Herr blickt voll Liebe und Zärtlichkeit auf seinen Diener und schickt ihn voll Demut, um etwas zu besorgen. Der Diener geht nicht nur sofort, er rennt in aller Eile, die Besorgung zu erledigen, so sehr will er dem Herrn zu Diensten sein. Doch er fällt in einen Graben und verletzt sich. Er jammert und stöhnt, kann aber weder aufstehen noch sich selbst irgendwie helfen. Was ihn jedoch am meisten bedrückt, ist, daß keiner da ist, der ihn getröstet hätte, denn er kann nicht zurückschauen zu seinem Herrn, der ihm tatsächlich sehr nahe ist und voll Erbarmen. Statt dessen benimmt er sich sehr dumm und denkt nur an seinen Schmerz und an seine Traurigkeit.

Doch der liebevolle Herr schaut auf seinen Diener in größter Zärtlichkeit und reagiert auf zwei Arten. Er begegnet ihm zum einen mit großer Liebe und Freundlichkeit, mit wahrem Mitleid und Erbarmen, und nicht mit Zorn und Unwillen. Zum anderen malt er sich voll Freude aus, wie er seinen Diener belohnen könne. Er sagt zu sich selbst: ‚Sieh, hier meinen geliebten Diener! Sieh, welchen Schaden und welche Traurigkeit er im Dienst aus Liebe zu mir erleiden mußte, und sieh seinen guten Willen! Ist es darum nicht recht und billig, wenn ich ihn für seine Angst und für den Schmerz, für seine Wunden und sein Leid entschädige? Und nicht nur das: Sollte ich ihn nicht mit einem Geschenk belohnen, das ihm besser dient und ihm mehr Ehre bringt als vordem seine Gesundheit?

Welche Güte! Was für ein wunderbarer Herr! Sogar der Sturz und das Leid des Dieners werden in unermeßliche Ehre und in immerwährende Freude gewandelt.'

- Nehmen Sie eine bequeme Haltung ein ... Schließen Sie die Augen ...
- Machen Sie eine der Entspannungsübungen ...
- Der Heilige Geist lebt und wirkt in Ihnen ... Vergessen Sie das nicht ... Bitten Sie ihn, Sie in diesem Gebet zu führen ... Bitten Sie ihn, Sie das sehen zu lassen, was Juliana gesehen hat ... Denn der Geist hat die Mystikerin erfüllt und kann auch Sie jetzt erfüllen ...
- Sehen Sie den Herrn und den Diener ... Betrachten Sie sie aufmerksam ... Achten Sie auf ihren Ausdruck, auf ihre Haltung, ihre Kleidung ...
- Sehen Sie, wie der Diener pflichteifrig davonläuft ... Er strauchelt, fällt ... Er ist todunglücklich ... Sehen Sie sich selbst in ihm ...

- Schauen Sie nun zum Herrn … in sein Gesicht … Was sehen Sie? … Güte, Liebe, Verständnis und Erbarmen strahlen aus seinem Gesicht … Sehen Sie den Wunsch, den Diener für das widerfahrene Unglück zu entschädigen …
- Sie bewundern diesen Herrn … tauchen Sie ein in seine Güte und in sein Erbarmen … Sehen Sie Gott in ihm … Erkennen Sie sich selbst im Diener als armen Sünder … und verweilen Sie in der Liebe und Güte des Herrn …
- Sobald Sie möchten, beenden Sie Ihr Gebet … Danken Sie Gott, und öffnen Sie Ihre Augen.

Simeon und das Kind (Lk 2,22–35)

Um im Gebet die Imagination einzusetzen, gibt es unzählige Möglichkeiten. Wir können uns zum Beispiel auch eine Geschichte erzählen lassen, die wir selber nicht erlebt haben, die wir aber dann mit Hilfe unserer Imagination nacherleben können. In der folgenden Übung richtet sich unser Augenmerk auf die Geschichte des Propheten Simeon und seiner Begegnung mit dem Jesukind im Tempel.

- Nehmen Sie eine bequeme Haltung ein … Schließen Sie die Augen …
- Machen Sie eine der Entspannungsübungen …
- Der Heilige Geist lebt und wirkt in Ihnen … Vergessen Sie das nicht … Bitten Sie ihn, Sie in diesem Gebet zu führen … Bitten Sie ihn, Sie erfahren zu lassen, was Simeon gesehen hat …
- Versetzen Sie sich in den Tempel in Jerusalem …

Sie sehen den Platz … die Leute … Sehen Sie Simeon und Josef mit Maria und dem Kind …

- Simeon nimmt das Kind in seine Arme … Beobachten Sie sein Gesicht, seinen Ausdruck … und die Freude, die es ausstrahlt … Schauen Sie, wie er auf das Kind in seinem Arm blickt … Beobachten Sie ihn einfach nur …
- Nehmen Sie das Kind nun in Ihre Arme, und betrachten Sie es … Sehen Sie sein Gesicht … Nehmen Sie dieses Bild ganz in sich auf … Kosten Sie diesen Anblick aus, so lange Sie können … Dieses kleine Gesicht wird Ihnen vieles sagen … Schauen Sie nur, bewundern Sie es, und lieben Sie es …
- Geben Sie nun das Kind an die Mutter zurück … Sagen Sie etwas zu ihr und zum Kind …
- Sobald Sie möchten, beenden Sie Ihr Gebet … Danken Sie Gott und öffnen Sie Ihre Augen.

Jesus am Kreuz

Nicht immer müssen wir im Gebet ein inneres Bild vor uns sehen. Es genügt, wenn wir alle unsere Aufmerksamkeit auf ihn, den wir sehen wollen, konzentrieren können. Auf diese Weise wird unsere Vorstellungskraft oft ganz von selbst ein Bild von ihm, den wir im Glauben betrachten, vor unserem geistigen Auge erstehen lassen.

Schauen wir zum Beispiel Jesus am Kreuz an. Wir stellen uns im allgemeinen nur vor, was wir sehen würden, wenn die Kreuzigung hier und jetzt geschähe. Durch unsere Betrachtung wird aber das eigentliche Geschehen auf dem Kalvarienberg mehr und mehr in das Zentrum unserer Aufmerksamkeit gleiten, und so können wir gar nicht anders, als vor unserem inneren Auge der Liebe und des Glaubens das zu sehen, woran wir so intensiv gedacht haben …

- Nehmen Sie eine bequeme Haltung ein … Schließen Sie die Augen …
- Machen Sie eine der Entspannungsübungen …
- Der Heilige Geist lebt und wirkt in Ihnen … Vergessen Sie das nicht … Bitten Sie ihn, Sie in diesem Gebet zu führen … Ihre inneren Augen zu öffnen und Sie bereit sein zu lassen für das, was Sie sehen werden …
- Versetzen Sie sich auf den Kalvarienberg … Schauen Sie sich um und entdecken Sie die Gegend … Aber sehen Sie auch, was da vor sich geht … Gehen Sie hin zur Menschenmenge …
- Konzentrieren Sie sich auf Jesus am Kreuz … Richten Sie Ihr ganzes Herz, Ihre ganze Liebe, Ihren ganzen Glauben auf ihn … Lassen Sie sich nicht von Nebensächlichkeiten ablenken … Schauen Sie hin zu Jesus … und bleiben Sie bei ihm, so lange Sie können …
- Sobald Sie möchten, beenden Sie Ihr Gebet … Danken Sie Gott, und öffnen Sie Ihre Augen.

Neuntes Kapitel

Beten mit der Heiligen Schrift

HINFÜHRUNG

Es war in meinen Jahren als Missionar in Borneo, als ich einen tiefen Zugang zum Wort Gottes fand. Nicht einmal in den Jahren meines Theologiestudiums hatte ich diese starke Anziehungskraft, die seit Borneo die Bibel auf mich ausübt, erlebt; auch hatte ich nie zuvor den Einfluß kennengelernt, den das Wort Gottes auf das Leben der Menschen haben kann. Ich erfuhr diese Gnade statt dessen, als ich auf meinen Missionsreisen einen jungen Mann kennenlernte, der im Innersten vom Wort der Bibel getroffen und berührt wurde.

Als Verantwortlicher für die Laienhelfer hielt ich in allen Pfarreien Seminare und Vorträge. Bei einem dieser Seminare machte ich die Bekanntschaft mit einem jungen Mann. Er war verheiratet und hatte drei Kinder, und er war erst vor kurzem Christ geworden. Der Dreißigjährige hatte sich so begierig gezeigt, mehr über seinen neuen Glauben zu erfahren, daß sein Pfarrer ihn zu jenem Seminar geschickt hatte. Ich bemerkte, wie aufmerksam er zuhörte und wie eifrig er mitverfolgte, was ich über das Wort Gottes sagte. Er war nie zur Schule gegangen und konnte kaum die englische Sprache lesen. Darum gab ich ihm ein Neues Testament in seiner eigenen Sprache. Als er es entgegennahm, leuchtete sein ganzes Gesicht vor Freude, und er ließ das Buch den ganzen Tag lang nicht aus der Hand. Für ihn war es ein unbezahlbarer Schatz.

Nur wenige Monate später erfuhr er, daß er Krebs im Endstadium hatte. Danach lebte er nicht mehr lange. Doch in der Zwischenzeit waren das Wort Gottes und das Gebet seine Schmerzmittel. Immer hatte er die Bibel rasch bei der Hand, aus ihr holte er seine Kraft, sein Durchhaltevermögen und seine Freude. Sie begann, ihm mehr zu bedeuten als alles andere, und es gelang ihm schließlich, sich von allem loszulösen, sogar von seiner Frau und den Kindern, die er sehr liebte. Er klammerte sich bis an sein Ende an die Bibel und starb mit der Heiligen Schrift auf der Brust. Sie wurde ihm dann auch mit ins Grab gelegt. Dieser Mann war tatsächlich ein fruchtbarer Ackerboden für das Wort Gottes gewesen. In ihm konnte es Wurzeln schlagen und Früchte tragen. Ist nicht das der Grund, weshalb das Wort Gottes niedergeschrieben wurde? Johannes sagt uns in Joh 20,31: „Diese [Zeichen] aber sind aufgeschrieben, damit ihr glaubt, daß Jesus der Messias ist, der Sohn Gottes, und damit ihr durch den Glauben das Leben habt in seinem Namen."

In unserer Welt ist es für Gott sehr schwierig, mit uns zu sprechen. Er kann sich kaum Gehör verschaffen, damit seine Worte in unser Herz eindringen, Wurzeln schlagen und Frucht tragen können. Nehmen Sie zum Beispiel das Wort Gottes aus Jesaia 43,1–4: „Ich habe dich ausgelöst, ich habe dich beim Namen gerufen. Du gehörst mir ... weil du in meinen Augen teuer und wertvoll bist und weil ich dich liebe". Wie können solche und ähnliche Worte Gottes sich in uns so verwurzeln, daß ihr Geist und Leben uns mit der unverrückbaren Überzeugung erfüllen, daß wir zu Gott gehören, daß wir von unermeßlichem Wert sind und geliebt werden, ja daß wir Gottes Glück und Freude sind?

Vieles kann uns helfen, das Wort Gottes aufzunehmen, es zu verarbeiten und es dann in unserem Leben umzusetzen. Im folgenden gebe ich Ihnen einen weiteren Vorschlag, wie man das Wort Gottes beten kann:

Nach der nun bekannten Gebetseröffnung kann das Wort Gottes auf direktem Weg in unser Herz gelangen; dann sind wir offen für die Wandlungen, die es in uns bewirkt. Es kann in uns neue Einstellungen hervorrufen, eine neue Art, mit Menschen und mit der Welt umzugehen. Es kann unser ganzes Leben vollkommen ändern!

Nehmen wir nach dem Einstieg in das Gebet das Wort, das wir als Gebet ausgewählt haben, und lassen wir es auf uns wirken, nehmen wir es auf. Wir lassen das Wort in uns lebendig werden, in all seiner Bedeutung und Fülle. Lassen wir es in uns Wurzeln schlagen und zu einem lebendigen, aktiven Teil unseres Denkens werden. Wir müssen es weniger verstehen, als es vielmehr in uns aufnehmen und in uns leben lassen.

In diesem Abschnitt bezieht sich der Begriff „Wort Gottes" in erster Linie auf ein längeres Bibelzitat. Paulus spricht uns darin alle sehr persönlich an. Wiederholen wir den gewählten Text, um jedes geistige Element herauszusieben. Nicht alles, was das Wort enthält, kann auf einmal herausgeholt werden. Das heißt, daß wir immer wieder zur selben Schriftstelle zurückkehren müssen, sie in uns widerhallen lassen, so lange es notwendig ist, um Frucht zu tragen und Seele und Verstand zu ernähren.

Wir haben also Gottes Wort gelesen und in unseren Kopf aufgenommen. Jetzt müssen wir es auch noch in unser Herz aufnehmen und es in unserem Blut und den Knochen lebendig widerhallen lassen. Im Herzen trifft das Wort auf den Geist, der es zuerst inspiriert hat; er wird es nun lebendig machen und es Frucht tragen lassen.

Wenn wir es wagen, Gott bei seinem Wort zu nehmen, werden wir zwangsläufig entdecken, daß wir für Gott kostbar und sehr wertvoll sind – und so liebenswert, daß Jesus für uns sterben konnte. Das Wort Gottes, ewig und unauslöschbar, spricht aus dem Zentrum des Kreuzes: „Du bist kostbar, und ich liebe dich".

Nun haben wir über das Wort Gottes in unserem Denken nachgedacht, und wir haben es in unserem Herzen ausgekostet und genossen. Es hat uns stark beeindruckt. Wie ein scharfes Messer ist es tief bis zum Kern unseres intellektuellen und emotionalen Wesens vorgedrungen.

Im Evangelium sagt Jesus, wer sein Leben behalten wolle, der müsse bereit sein, es zu geben. Sonst werden wir es verlieren. Was wir zu halten, gar festzuklammern versuchen, werden wir verlieren. Nur was wir mit anderen teilen, werden wir behalten. Das bedeutet, daß wir niemals die Geschenke Gottes nur für uns in Besitz nehmen dürfen. Wir müssen sie mit anderen teilen. Das Wort, das in unserem Verstand und im Herzen eingeprägt ist, müssen wir weitergeben. Ein kontemplatives Leben darf sich nie einfach nur isoliert in den Gedanken und Gefühlen abspielen; es muß ein Leben der Gedanken, Gefühle und Taten sein! Unsere wahre Reife wird darin zum Ausdruck gebracht, wie wir handeln, welche Haltung wir der Welt und den Menschen gegenüber einnehmen, und auf welche Art und Weise wir mit anderen, aber auch mit uns selbst umgehen.

Der Herr hat in uns sein Wort, die Frohe Botschaft, eingeprägt als seinen Wunsch, daß es uns wohlergehe. Wenn wir den Herrn ernst genommen und ihm erlaubt haben, uns mit seinem Wort zu berühren, wird das in uns einen starken Eindruck hinterlassen haben. Deshalb werden wir uns mit der gleichen Sehnsucht wie der Herr nach den Menschen sehnen, ob wir das so empfinden oder nicht. Wir lieben, weil wir selbst geliebt werden. Wir wollen heilen, weil wir geheilt worden sind, und vergeben, weil uns vergeben worden ist. Wir möchten andere wertvoll machen, weil auch uns ein tiefes Verständnis für unseren Wert gegeben worden ist. Wir wollen helfen, ermutigen und aufrichten, weil auch wir all das erfahren haben. Kurz, das Wort von der Liebe Gottes kann auch unser Wort der Liebe werden. Sein Wortschatz und sein Ausdruck können auch unsere sein. „Du gehörst mir … du bist teuer in meinen Augen … du bist wertvoll, und ich liebe dich …"

Jetzt sind wir bereit, unsere Zeit und Aufmerksamkeit anderen Menschen zu widmen, aber auch der gesamten Welt, indem wir unsere Imagination voll und ganz einsetzen. Stellen wir uns zuerst unsere eigene Familie vor, unsere Gemeinschaft oder einen engen Freund. Wir sehen sie in den verschiedenen Situationen, in ihren Nöten und Gefahren. Versuchen wir, die Zusammenhänge zu verstehen, doch dies braucht Zeit und Geduld. Sobald wir diese Menschen sehen – oder besser, sowie wir in sie hineinsehen und all ihre Nöte verstehen, sollten wir beginnen, die Sehnsucht Gottes mit ihnen zu teilen. Wir haben Gottes Liebe erfahren. Wir haben sein Wort gehört, und es hat uns zutiefst berührt, uns geholfen, uns ermutigt und uns geheilt. Es hat uns aufgerichtet, uns vergeben und uns neue Hoffnung gebracht. Es hat uns verändert und gewandelt. All das hat es für uns getan. Jetzt sollten wir also denselben Wunsch haben wie Gott, nämlich diese kostbaren Worte mit anderen zu teilen. In unserer Imagination geben wir diese Worte weiter an die Menschen vor uns. Wir sagen sie mit derselben Überzeugung wie der Herr. Wir legen uns selbst in sie hinein: „Josef, du bist teuer in meinen Augen … Ich liebe dich." Sprechen wir diese Worte eine Zeitlang zu den Menschen vor uns und ruhen dann in diesem Gedanken aus.

Wir können auch einen gesamten Pfarrbezirk nehmen, oder eine Gesellschaft, und sie betrachten. Indem wir uns in die Menschen hineinversetzen, werden wir erfahren, wie sie zurück ins Leben gebracht werden müssen, wie das Wort Gottes in sie hineinsinken kann bis zum Kern ihrer Anbetung und Aufgabe. Vielleicht führt der Weg in ihr Inneres dort vorbei, wo sie das Gebot des Herrn, einander zu lieben, mißachten … Es könnte auch sein, daß ein einzelner der Störenfried in der Gemeinschaft ist. Doch Gott liebt sie alle, und er wünscht sich, daß es allen gut geht. Hier teilen wir also wiederum den Wunsch Gottes, machen ihn zu unserem, und sagen wir ihnen Gottes Wort. Wir wollen sie alle lebendig sehen, aktiv und wohlauf, ebenso wie der Herr.

Auch wenn die betreffenden Menschen unsere Stimme nicht hören können und nichts von unserer Sehnsucht wissen, nicht die Berührung unserer Hand spüren und keine Kenntnis davon haben, daß wir für sie beten, so hat all das doch unvorstellbare Auswirkungen auf sie. Wir selbst werden beginnen, mit anderen Menschen zu empfinden, zu fühlen, zu leben und mitzuleiden, aber auch uns mit ihnen zu freuen. Wir werden lernen, eins zu sein mit ihnen. Jesus ist einsgeworden mit uns; wir müssen mit anderen einswerden.

Auf diese Weise haben wir noch viele Möglichkeiten, unsere gottgegebene Imaginationsfähigkeit einzusetzen. So erhalten wir eine Ahnung davon, wie er sich um das Leben der Menschheit, um die Welt und die gesamte Schöpfung kümmert, indem wir wenigstens ein Stück weit seinen uralten und mächtigen Wunsch, daß es allen Menschen wohlergehe, teilen. Ich bin der Meinung, dies könnte ein wirklich kontemplativer Weg sein, um für andere zu beten. Wir könnten in seinem unendlichen Wunsch und seiner Sehnsucht nach der Erlösung aller Menschen aufgehen.

Wenn wir jeden Tag so beten, werden wir feststellen, daß es tatsächlich unser Leben verändert. Es gibt uns ein ganz persönliches Gefühl des Wohlergehens, das aus allen unseren Taten herausleuchtet und schließlich auch unsere Umgebung verändert. Das ist so, weil das Wort Gottes in uns wirkt und sich durch uns ausdrückt. „Wer diese meine Worte hört und danach handelt, ist wie ein kluger Mann, der sein Haus auf Fels baute" (Mt 7,24).

ÜBUNGEN

„Euer Herz lasse sich nicht verwirren!
Glaubt an Gott, und glaubt an mich" (Joh 14,1).

- Nehmen Sie eine bequeme Haltung ein ... Schließen Sie die Augen ... Werden Sie ganz ruhig ...
- Machen Sie eine der Entspannungsübungen ...

- Sie wissen, daß der Heilige Geist in Ihnen lebt ... bitten Sie ihn, Sie durch dieses Gebet zu führen ...
- Sagen Sie sich das Wort, das Sie für diese Gebetsübung ausgesucht haben, vor: „Euer Herz lasse sich nicht verwirren! Glaubt an Gott, und glaubt an mich." ... Wiederholen Sie diese Worte einige Male ... Nehmen Sie sie auf in Ihr Denken ... Betrachten Sie sie ... Werden Sie sich ihrer Bedeutung bewußt, vor allem, wenn Sie selbst irgendwelche Sorgen haben ... Halten Sie nach einer bestimmten Zeit inne und kosten Sie die Botschaft des Wortes aus ...
- Nehmen Sie nun diese Worte auf in Ihr Herz ... Bewahren Sie sie in Ihrem Herzen, so daß ihr Leben und ihr Geist die Mitte Ihres Seins erfüllen ... In Ihrem Herzen werden diese Worte auf den Geist treffen und durch ihn wachsen und Frucht tragen ... Sagen Sie also noch einige Male diese Worte: „Euer Herz lasse sich nicht verwirren! Glaubt an Gott, und glaubt an mich" ...
- Lassen Sie diese Worte in Ihrem Herzen widerhallen ... Freuen Sie sich daran ... Bringen Sie auch Ihre Gefühle und Ihre Vorstellungskraft mit ein ... Halten Sie nach einer Zeit inne und ruhen Sie aus im Gefühl, das Ihnen diese Worte gegeben haben ...
- Geben Sie nun das Wort weiter an andere ... Sie müssen es weitergeben, um es zu bewahren ... Der Herr liebt Sie ... Er will, daß Sie Friede spüren und voller Freude sind ... Darum sprach er diese wunderschönen Worte zu Ihnen ... Jetzt möchte er, daß Sie sie zu anderen sprechen ...
- Lassen Sie in Gedanken Menschen zu Ihnen kom-

men ... Erkennen Sie deren Sorgen, deren Nöte, deren Ängste ... Sie spüren großes Mitgefühl mit ihnen ... Sehen Sie sie mit den Augen Jesu, und sagen Sie zu ihnen: „Euer Herz lasse sich nicht verwirren! Glaubt an Gott, und glaubt an mich" ... Sprechen Sie diese Worte so, wie Jesus sie zu Ihnen gesagt hat ...

- Sobald Sie es für richtig halten, kommen Sie an das Ende Ihres Gebetes, und danken Sie Gott ...
- Öffnen Sie langsam die Augen, und beenden Sie Ihr Gebet.

„Heile mich, Herr, so bin ich heil; hilf mir, so ist mir geholfen" (Jer 17,14).

- Nehmen Sie eine bequeme Haltung ein ... Schließen Sie die Augen ... Werden Sie ganz ruhig ...
- Machen Sie eine der Entspannungsübungen ...
- Der Heilige Geist lebt und wirkt in Ihnen ... Vergessen Sie das nicht ... Bitten Sie ihn, Sie durch dieses Gebet zu führen ...
- Sagen Sie sich das Wort, das wir für diese Gebetsübung ausgesucht haben, vor: „Heile mich, Herr, so bin ich heil; hilf mir, so ist mir geholfen." ... Sagen Sie diese Worte mehrere Male ... Prägen Sie sich diese Worte ein ... Betrachten Sie sie ... Werden Sie sich der Bedeutung bewußt, die sie für Sie haben ... Halten Sie dann inne, und verweilen Sie in der Botschaft der Worte ...
- Nehmen Sie diese Worte auf in Ihr Herz ... Prägen Sie sie dort ein, so daß das Leben und der Geist

dieser Worte Ihr innerstes Sein erfüllen können … in Ihrem Herzen treffen diese Worte auf den Geist und wachsen durch ihn und tragen Frucht …

- Sagen Sie die Worte mehrmals: „Heile mich, Herr, so bin ich heil; hilf mir, so ist mir geholfen" … Lassen Sie sie tief in Ihr Herz eindringen … Freuen Sie sich daran … Lassen Sie Ihre Gefühle und Ihre Vorstellungen davon berührt werden … Wie fühlen Sie sich? … Wie wirken diese Wore auf Sie? … Lassen Sie Ihre Gefühle zu … Halten Sie nach einiger Zeit inne und ruhen Sie aus in dem Gefühl, das die Worte Jesu Ihnen gebracht haben …

- Geben Sie nun die Botschaft weiter an andere … Wenn Sie das Wort behalten wollen, müssen Sie es zuerst weitergeben … Damit das Weizenkorn Frucht trägt, muß es zuerst sterben … Der Herr liebt Sie … Er will Sie heilen und Ihnen helfen … Er will Sie ganz sehen … Darum sprach er diese Worte zu Ihnen … Sie haben Sie berührt und Ihnen Hoffnung und Vertrauen geschenkt … Versuchen Sie nun, dies an andere weiterzugeben …

- Lassen Sie die Menschen, für die Sie beten, vor Ihr geistiges Auge treten … Erkennen Sie ihre Leiden, ihre Krankheiten, ihre Gebrechen; hören Sie ihren Hilfeschrei … erbarmen Sie sich ihrer und sprechen Sie zu ihnen das Wort Gottes … Sagen Sie die Worte mit derselben Liebe, mit demselben Mitgefühl, wie Jesus sie zu Ihnen gesagt hat … Vertrauen Sie auf die Worte, die Sie sagen … Wiederholen Sie sie einige Male … so lange, wie Sie möchten … Sobald Sie aufhören möchten, ruhen Sie sich aus in Gott …

- Sobald Sie es für richtig halten, kommen Sie an das Ende Ihres Gebetes, und danken Sie Gott …
- Öffnen Sie langsam die Augen, und beenden Sie Ihr Gebet.

„Ich bin gekommen, damit ihr das Leben habt und es in Fülle habt" (Joh 10,10).

- Nehmen Sie eine bequeme Haltung ein … Schließen Sie die Augen … Werden Sie ganz ruhig …
- Machen Sie eine der Entspannungsübungen …
- Der Heilige Geist lebt und wirkt in Ihnen … Vergessen Sie das nicht … Bitten Sie ihn, Sie durch dieses Gebet zu führen …
- Sagen Sie sich das Wort, das Sie für diese Gebetsübung ausgesucht haben, vor: „Ich bin gekommen, damit ihr das Leben habt und es in Fülle habt." Wiederholen Sie in Gedanken diese Worte immer wieder … lassen Sie sie lebendig werden … Werden Sie sich bewußt, was diese Worte für Sie bedeuten … Nehmen Sie die verschiedenen Bilder und Vorstellungen, die sie in Ihnen hervorrufen wahr … Bewahren Sie diese Worte in sich und betrachten Sie sie … Wiederholen Sie noch eine Zeitlang diese Worte; verweilen Sie dann …
- Nehmen Sie jetzt diese Worte auf in Ihr Herz … Bringen Sie sie auch dort zum Ausdruck, so daß ihr Leben und ihr Geist Ihr innerstes Sein erfüllen können … Der Geist wird die Worte wachsen und Frucht tragen lassen …
- Wiederholen Sie die Worte: „Ich bin gekommen, damit ihr das Leben habt und es in Fülle habt."

Freuen Sie sich darüber … Beziehen Sie auch Ihre Gefühle und Vorstellungen mit ein in die Freude über diese wunderbare Botschaft … Halten Sie nach einer Weile inne, und ruhen Sie im Frieden und in der Freude, die Ihnen diese Worte gebracht haben …

- Wenn Sie das Wort behalten wollen, müssen Sie es weitergeben … Diese Worte haben Sie Gott näher gebracht … Er hat Ihnen sein Leben gegeben … Dadurch leben Sie nun … Er hat sich selbst für Sie weitergegeben … Jetzt müssen Sie dasselbe tun: Ihr Leben mit anderen teilen …
- Lassen Sie die Menschen, für die Sie beten wollen, vor Ihr geistiges Auge treten … Nehmen Sie ihre Bedürfnisse, ihre Zwiespälte, ihre Sehnsüchte wahr … Helfen Sie ihnen … Strecken Sie ihnen Ihre Arme entgegen … Bieten Sie ihnen das Leben Gottes an … Sprechen Sie die Worte zu ihnen, die Gott zu Ihnen gesagt hat: „Ich bin gekommen, damit ihr das Leben habt und es in Fülle habt" … ruhen Sie dann aus, und lassen Sie sie durch das Wort Gottes lebendig werden …
- Sobald Sie es für richtig halten, kommen Sie an das Ende Ihres Gebetes, und danken Sie Gott …
- Öffnen Sie langsam die Augen, und beenden Sie Ihr Gebet.

„Wenn ihr in meinem Wort bleibt, seid ihr wirklich meine Jünger" (Joh 8,31).

- Nehmen Sie eine bequeme Haltung ein … Schließen Sie die Augen … Werden Sie ganz ruhig …

- Machen Sie eine der Entspannungsübungen …
- Der Heilige Geist lebt und wirkt in Ihnen … Vergessen Sie das nicht … Bitten Sie ihn, Sie durch dieses Gebet zu führen …
- Sagen Sie sich das Wort vor, das Sie für diese Gebetsübung ausgesucht haben: „Wenn ihr in meinem Wort bleibt, seid ihr wirklich meine Jünger."
- Wiederholen Sie die Worte mehrere Male … Lassen Sie sie lebendig werden … Überlegen Sie, was sie für Sie persönlich bedeuten … Beobachten Sie die verschiedenen Bilder und Assoziationen, die diese Worte in Ihnen hervorrufen … Sie müssen sie nicht aufs genaueste analysieren … Nehmen Sie einfach diese Worte mit allem, was sie in Ihnen bewirken, voll zur Kenntnis … Prägen Sie sich diese Worte ein … Halten Sie nach einiger Zeit inne, und ruhen Sie in der Wahrheit, die sie Ihnen offenbaren …
- Nehmen Sie nun die Worte auf in Ihr Herz … Prägen Sie sie sich auch dort ein … so daß ihr Leben und ihr Geist Ihr Innerstes ausfüllen können … Der Geist wird die Worte wachsen und Frucht tragen lassen …
- Wiederholen Sie die Worte: „Wenn ihr in meinem Wort bleibt, seid ihr wirklich meine Jünger." Freuen Sie sich am Wort Gottes … Es ist so einfach, sein Jünger zu sein … Lieben Sie einfach sein Wort, und führen Sie es aus … Halten Sie dann inne, und verweilen Sie in der Freude und im Frieden, die das Wort Gottes Ihnen gebracht hat …
- Versuchen Sie nun, das Wort weiterzugeben … Das Wort hat Sie Jesus ähnlicher gemacht … Er

hat sein Wort mit Ihnen geteilt, und nun müssen Sie es mit anderen teilen …

- Lassen Sie die Menschen, für die Sie beten wollen, vor Ihr inneres Auge kommen. Betrachten Sie sie … Erkennen Sie ihre Nöte, ihre innere Leere, ihre Suche und ihren Hunger nach Gottes Wort … Versuchen Sie also, es ihnen zu geben! … Sprechen Sie zu ihnen das Wort Gottes, wie Gott es zu Ihnen gesprochen hat … Prägen Sie es ein in ihre Herzen und in ihr Denken … Sagen Sie es immer wieder … und lassen Sie es dann in ihnen wirken …
- Sobald Sie es für richtig halten, kommen Sie an das Ende Ihres Gebetes, und danken Sie Gott …
- Öffnen Sie langsam die Augen, und beenden Sie Ihr Gebet.

„Ich bin das Brot des Lebens" (Joh 6,35).

- Nehmen Sie eine bequeme Haltung ein … Schließen Sie die Augen … Werden Sie ganz ruhig …
- Machen Sie eine der Entspannungsübungen …
- Der Heilige Geist lebt und wirkt in Ihnen … Vergessen Sie das nicht … Bitten Sie ihn, Sie durch dieses Gebet zu führen …
- Sagen Sie sich das Wort vor, das Sie für diese Gebetsübung ausgesucht haben: „Ich bin das Brot des Lebens; wer zu mir kommt, wird nie mehr hungern, und wer an mich glaubt, wird nie mehr Durst haben." Lassen Sie dieses Wort Gottes in seiner ganzen Fülle vor Ihren Augen lebendig werden … Nehmen Sie es auf in sich, voll und

ganz … Hinterfragen Sie es nicht, lassen Sie nur seine Bedeutung auf Sie wirken …

- Nehmen Sie nun das Wort in Ihr Herz auf, so daß sein Leben und sein Geist Ihr innersten Sein erfüllen können … In Ihrem Herzen wird das Wort auf den Geist treffen, der es von Anfang an geschaffen hatte … Er macht es fruchtbar und läßt es wachsen und Frucht tragen …
- Lassen Sie das Wort tief in Ihr Herz sinken … Empfangen Sie es mit offenem Herzen, denn es gibt Ihnen Nahrung, es löscht Ihren Durst und gibt Ihnen Leben … Es wirkt in Ihnen … Ruhen Sie sich aus im Gefühl des Friedens, das es Ihnen bringt …
- Nur wenn Sie es weitergeben, können Sie das Wort behalten! Die Worte Jesu haben Sie ihm ähnlicher gemacht … Er hat Ihnen dadurch seine Sehnsucht mitgegeben, seine Sehnsucht danach, all Ihre Brüder und Schwestern zu speisen und ihnen Leben zu geben … Setzen Sie dies nun in die Tat um …
- Stellen Sie sich Ihre Familie, Ihre Freunde oder Menschen, für die Sie beten wollen, vor … Beobachten Sie sie … Stillen Sie ihren Hunger und Durst … Sprechen Sie dann das Wort Gottes zu ihnen, das Gott zu Ihnen gesprochen hat … Wünschen Sie den anderen all das, was das Wort für Sie selbst bedeutet … Verweilen Sie dann bei dem Gedanken …
- Sobald Sie es möchten, beenden Sie Ihr Gebet … Danken Sie Gott, und öffnen Sie langsam Ihre Augen …

„Ihr seid das Salz der Erde. Ihr seid das Licht der Welt" (Mt 5,13–14).

- Nehmen Sie eine bequeme Haltung ein … Schließen Sie die Augen … Werden Sie ganz ruhig …
- Machen Sie eine der Entspannungsübungen …
- Sie wissen, daß der Heilige Geist in Ihnen lebt … Bitten Sie ihn, Sie durch dieses Gebet zu führen …
- Wiederholen Sie nun die Worte: „Ihr seid das Salz der Erde. Ihr seid das Licht der Welt." Wiederholen Sie sie einige Male … Lassen Sie diese Worte in Ihnen lebendig werden … Seien sie sich klar, was sie bedeuten … Seien Sie sich auch der verschiedenen Bilder und Empfindungen bewußt, die diese Worte in Ihnen hervorrufen … Prägen Sie sie sich ein … Halten Sie nach einiger Zeit inne und verweilen Sie in der Wahrheit und dem Verständnis, die das Wort Ihnen gebracht hat …
- Nehmen Sie das Wort nun auf in Ihr Herz … Prägen Sie es dort ein, so daß sein Leben, sein Geist und seine Liebe Sie bis in Innerste Ihres Wesens erfüllen können … Dort trifft es auf den Geist, der das Wort wachsen und Frucht tragen läßt … Wiederholen Sie das Wort: „Ihr seid das Salz der Erde, ihr seid das Licht der Welt." Bewahren Sie das Wort … Lassen Sie es tief in Ihr Herz sinken … Lassen Sie auch Ihre Gefühle und Empfindungen daran teilhaben … Wie wirkt das Wort in Ihnen? … Wie fühlen Sie sich dadurch? … Lieben Sie das Wort … Seien Sie dankbar dafür und erwidern Sie es … Ruhen Sie nach einiger Zeit aus in dem Frieden, den es Ihnen gebracht hat …

- Nun ist es an Ihnen, das Wort auszusprechen … Wenn Sie es behalten wollen, müssen Sie es weitergeben … Der Herr liebt Sie … Er hat Ihnen eine Wahrheit gesagt … Er hat Ihnen erzählt, was er in Ihnen sieht … Er möchte, daß Sie noch mehr zu seinem Ebenbild werden … Darum hat er Sie unterwiesen und Sie eingeladen … Nun sollten Sie versuchen, dieselbe Sehnsucht nach anderen zu verspüren … Sprechen Sie darum dieses Wort Gottes zu anderen …
- Lassen Sie die Menschen, für die Sie beten wollen, vor Ihr inneres Auge treten … Beobachten Sie sie … Nehmen Sie ihre Nöte, ihre Sorgen wahr … Lieben Sie sie, und sagen Sie ihnen das Wort Gottes … Geben Sie ihnen Hoffnung und Mut … Wiederholen Sie für diese Menschen das Wort Gottes … Halten Sie dann inne … Lassen Sie das Wort in den Menschen wirken …
- Sobald Sie es möchten, beenden Sie Ihr Gebet … Danken Sie Gott, und öffnen Sie langsam Ihre Augen …

„Was ihr vom Vater erbitten werdet, das wird er euch in meinem Namen geben" (Joh 16,23).

- Nehmen Sie eine bequeme Haltung ein … Schließen Sie die Augen … Werden Sie ganz ruhig …
- Machen Sie eine der Entspannungsübungen …
- Sie wissen, daß der Heilige Geist in Ihnen lebt … Bitten Sie ihn, Sie durch dieses Gebet zu führen …
- Wiederholen Sie nun die Worte: „Ihr seid das Salz der Erde. Ihr seid das Licht der Welt." Sagen Sie

sie einige Male ... Lassen Sie diese Worte in Ihnen lebendig werden ... Seien Sie sich klar, was sie bedeuten ... Seien Sie sich auch der verschiedenen Bilder und Empfindungen bewußt, die diese Worte in Ihnen hervorrufen ... Prägen Sie sie sich ein ... Halten Sie nach einiger Zeit inne und verweilen Sie in der Wahrheit und dem Verständnis, die das Wort Ihnen gebracht hat ...

- Nehmen Sie das Wort nun auf in Ihr Herz ... Prägen Sie es dort ein, so daß sein Leben, sein Geist und seine Liebe Sie bis ins Innerste Ihres Wesens erfüllen können ... Dort trifft es auf den Geist, der das Wort wachsen und Frucht tragen läßt ... Wiederholen Sie das Wort: „Was ihr vom Vater erbitten werdet, das wird er euch in meinem Namen geben." Lassen Sie es in Ihrem Herzen widerhallen ... Freuen Sie sich daran ... Lassen Sie auch Ihre Gefühle und Empfindungen daran teilhaben ...

- Nun müssen auch Sie das Wort zum Ausdruck bringen ... Vergessen Sie nicht: Wenn Sie es behalten und bewahren wollen, müssen Sie es weitergeben ... Auch der Herr hat es weitergegeben ... Weil er Sie liebt, hat er Ihnen eine große Wahrheit mitgegeben, die Sie glücklich gemacht und Ihnen Hoffnung gebracht hat ...Versuchen Sie also, dasselbe für andere zu tun ...

- Lassen Sie die Menschen, für die Sie beten wollen, oder jene, die der Heilige Geist in Ihren Gedanken zu Ihnen führt, vor Ihr inneres Auge treten ... Erkennen Sie ihre Nöte, ihre Armut, ihre Wünsche ... Erbarmen Sie sich ihrer und sagen Sie ihnen das Wort Gottes, das Jesus zu Ihnen gesagt hat … Sagen Sie diesen Menschen das Wort des Herrn immer wieder, immer wieder … Ruhen Sie dann aus in Jesus und beten Sie darum, daß sie Gottes Wort annehmen …

- Sobald Sie es möchten, beenden Sie Ihr Gebet … Danken Sie Gott, und öffnen Sie langsam Ihre Augen …

„Sucht ihr mich, so findet ihr mich, wenn ihr von ganzem Herzen nach mir fragt" (Jer 29,13).

- Nehmen Sie eine bequeme Haltung ein … Schließen Sie die Augen … Werden Sie ganz ruhig …
- Machen Sie eine der Entspannungsübungen …
- Sie wissen, daß der Heilige Geist in Ihnen lebt … Bitten Sie ihn, Sie durch diese Gebetsübung zu führen … in Ihnen, durch Sie und mit Ihnen zu beten …
- Betrachten Sie nun das Wort, das Sie ausgewählt haben: „Sucht ihr mich, so findet ihr mich, wenn ihr von ganzem Herzen nach mir fragt." Wiederholen Sie es einige Male … Nehmen Sie es tief in sich auf … Besinnen Sie sich auf seine Bedeutung … Halten Sie dann inne und verweilen Sie in der Wahrheit des Wortes …
- Nehmen Sie das Wort nun auf in Ihr Herz … Prägen Sie es dort ein, so daß sein Leben, sein Geist und seine Liebe Sie bis in Innerste Ihres Wesens erfüllen können … Dort trifft das Wort auf den Geist, der es wachsen und Frucht tragen läßt …
- Wiederholen Sie das Wort: „Sucht ihr mich, so fin-

det ihr mich, wenn ihr von ganzem Herzen nach mir fragt." Lassen Sie es tief in Ihr Herz eindringen ... Freuen Sie sich daran ... Lassen Sie auch Ihre Gefühle und Empfindungen davon berührt werden ... Sobald Sie das Wort nicht mehr wiederholen möchten, ruhen Sie sich einfach aus in dem Gefühl, welches das Wort Ihnen vermittelt hat ...

- Nun müssen auch Sie das Wort anderen gegenüber zum Ausdruck bringen ... Wenn Sie es für sich behalten und bewahren wollen, müssen Sie es zuerst weitergeben ...

- Lassen Sie die Menschen, für die Sie beten wollen, oder jene, die der Heilige Geist Ihnen in Ihren Gedanken herbeiführt, vor Ihr inneres Auge treten ... Erkennen Sie ihre Sehnsüchte und Wünsche, ihre Zweifel und Verzweiflung ... Erbarmen Sie sich ihrer und sagen Sie ihnen das Wort, das Gott zu Ihnen gesagt hat ... Sagen Sie es mit derselben Überzeugung und derselben Liebe, mit der Gott es zu Ihnen gesprochen hat ... Glauben Sie an das, was Sie sagen, und sagen Sie es immer wieder ... Ruhen Sie dann aus in Gott, und lassen Sie das Wort wirken ...

- Sobald Sie es möchten, beenden Sie Ihr Gebet ... Danken Sie Gott, und öffnen Sie langsam Ihre Augen ...

Schlußwort

Auf den vorangegangenen Seiten habe ich versucht, Ihnen anhand von Beispielen den Zugang zum kontemplativen, betrachtenden Gebet zu erleichtern. Vielleicht haben Sie eine Gebetsübung gefunden, die Ihnen zusagt und die Sie in Zukunft als grundlegenden Bestandteil in Ihr Gebetsleben einbauen möchten. Zum Abschluß möchte ich Ihnen noch einen nützlichen Hinweis mitgeben auf Ihren Weg zum betrachtenden Gebet.

Wenn Sie wirklich Ihr Gebetsleben betrachtender gestalten wollen, sollten Sie vielleicht auch Ihr tägliches Leben entsprechend ausrichten. Unser Zeitalter hat uns viele zeitsparende Erfindungen beschert. Dadurch haben wir ohne Zweifel viele materielle Vorteile; zur gleichen Zeit sind wir aber verarmt. Wir haben über unserer Arbeit den nötigen Freiraum zum Träumen, Nachdenken und Beten verloren.

Als Zimmermann mußte Jesus alle Arbeit mit der Hand verrichten, da es die modernen Hilfsmittel noch nicht gab. Dabei hatte er jedoch sicherlich viel Zeit zum Nachdenken, Überlegen und Beten. Wenn heute ein Zimmermann auch nur einen kurzen Moment in seiner Konzentration nachläßt, läuft er Gefahr, einige Finger zu verlieren. Zu jener Zeit gab es weder Lastwagen noch Traktoren; die Lasten wurden mit Pferden, Ochsengespannen oder anderen Lasttieren weitertransportiert. Diejenigen, die die Tiere führten, hatten ebenfalls genug Zeit, um zu träumen, nachzudenken und zu beten. Unsere Großmütter holten noch das Wasser vom Brunnen, wuschen die Wäsche mit der Hand und fegten die Böden mit einem Besen. Alle diese Tätigkeiten gestatteten es, daß diese Frauen dabei über Worte und Ereignisse aus der Bibel nachdachten, wie es wohl auch Maria getan hatte. Oder denken wir an jene langen Abende, wenn sich die Mutter der Familie mit Näharbeiten beschäftigte, der Vater seine Pfeife rauchte und las, die Kleinen schon im Bett lagen und die Großen über ihren Hausaufgaben saßen. Fernsehen und Radio gab es damals nicht. Vielleicht fiel dabei das eine oder andere Wort, doch ansonsten war es still und ruhig. Im Sommer saßen die Menschen im Garten, und in den kalten Winternächten setzten sie sich an den wärmenden Ofen. Auch auf dem langen Fußweg zur Schule und zur Kirche ergab sich genügend Gelegenheit, um nachzudenken und zu beten.

Heute haben wir diese Gelegenheiten zumeist nicht mehr. Das hat uns arm werden lassen, denn wir Menschen brauchen Zeit zum Nachdenken und Beten. Diese Armut, dieser Mangel an Zeit spiegelt sich durch und durch in unseren Verhaltensweisen und unserer Art zu denken wider. Bietet unser Alltag uns heute denn wirklich keine Gelegenheit mehr, still zu werden und zu beten? – Ganz so ist es nun doch nicht, denn wenn wir danach suchen und sie auch wirklich wahrnehmen, finden wir auch heute noch genügend solcher Gelegenheiten.

In den vergangenen Jahren haben immer mehr östliche Meditationsarten Eingang in unsere Kultur gefunden. Diese Meditationsarten bringen uns jene Gelegenheiten zurück, die unsere Vorfahren in so reichem Maße hatten: Zeit und Freiraum zum Gebet. Sie lehren uns, uns auf etwas Einfaches zu konzentrieren – wie das Zählen etwa, oder auf die ständige

Wiederholung eines einfachen, aber sinnträchtigen Wortes (Jesus, Gott oder Abba z. B.). Wir könnten uns auch auf unser Atmen konzentrieren oder darauf, einfach stillzusitzen. Genauso könnten wir jene auswendig gelernten Gebete aus der Kinderzeit wiederholen oder mit den Perlen des Rosenkranzes unsere Gedanken durch unsere Finger gleiten lassen. All dies beansprucht nur einen Teil unseres aktiven Verstandes und läßt die tieferen Schichten frei für Besinnung, Staunen und Betrachtung.

Es gibt auch im Alltag Tätigkeiten, die uns die Gelegenheit dazu bieten und uns für die Anwesenheit Gottes empfänglicher machen. Das kann Gartenarbeit, Kochen, Radfahren, Spazierengehen oder anderes sein. Obwohl diese Tätigkeiten keine Form des Gebets an sich sind, können wir uns dabei entspannen und zum Nachdenken und Beten kommen.

Für unsere Vorfahren war dies ein ganz normaler Bestandteil des täglichen Lebens. Die Kelten etwa kannten Segenssprüche für beinahe jede Tätigkeit, die den Tag bestimmte, für Frühstück, Melken und Feuermachen, ebenso für Fischerei, Aussaat und Ernte, aber auch für die Ruhe und für das Sterben. Für unsere Ahnen war die tägliche Arbeit untrennbar verbunden mit der Allgegenwärtigkeit Gottes. Gott ist gegenwärtig in allem, was lebt und geschieht, und darum können wir mit ihm in ständiger Verbindung sein. Zwar können wir heute nicht in allem unsere Vorfahren nachahmen, doch auch wir können versuchen, einfachere Tätigkeiten in unserem Leben als Gelegenheit zum Gebet zu nutzen. Vielleicht sagen wir einfach nur ein kurzes Gebet, das uns etwas bedeutet. Oder wir beten ohne Worte und versuchen, uns in unserer Arbeit der Gegenwart Gottes bewußt zu werden. Auf diese Weise können wir das, was wir tun, in Gebet verwandeln.

Für solche Betrachtungen eignet sich besonders der Sonntag. Der Sonntag sollte sich von den anderen Wochentagen unterscheiden, sollte ruhiger und besinnlicher verbracht werden. Der Sonntag sollte ein Tag sein, der unsere Aktivitäten einbindet in das Bewußtsein um die Gegenwart Gottes – obwohl das zugegebenermaßen gerade für die Hausfrau oft leichter gesagt als getan ist! Am Sonntag sind wir nicht alle den ganzen Tag bei der Arbeit. Wir sollten versuchen, nur das zu tun, was wir gerne tun, und leichte Tätigkeiten zu wählen, die es uns erlauben, nachzudenken und zu beten.

In solchen meditativen Momenten können wir Gott zu uns sprechen hören. Aus dem Alten Testament wissen wir, daß wir Gottes Stimme nicht im Donner, sondern im Flüstern hören. Dieses Flüstern kann der Gedanke sein, der uns während eines Tagtraums unvorbereitet in den Sinn kommt. Oder es fällt uns plötzlich etwas ein, das wir gelesen oder gehört haben. Gott spricht zu uns durch all dies, doch um ihn zu hören, müssen wir horchen. Unsere Ohren spitzen ist nicht genug. Auf Gottes Stimme zu horchen bedeutet, den Aufruhr unserer Gedanken zu besänftigen und uns empfänglich werden zu lassen, denn nur dann können wir Gottes Flüstern vernehmen.

Wenn wir uns der verschiedenen einfachen Tätigkeiten bewußtwerden, die nicht unsere volle Aufmerksamkeit in Anspruch nehmen, und sie dazu verwenden, um Gott die Möglichkeit zu geben, zu uns zu sprechen, erfahren wir vielleicht auch, wie Gott uns ins Gebet führt. Gebet ist sein Geschenk für uns. Wir allein können nicht beten, denn Gott ist die Grundlage allen Gebetes.

Wenn wir uns öffnen, empfänglich machen und uns vorbereiten, gibt Gott uns diese Gabe. Solche einfachen Tätigkeiten zum Beten zu verwenden, ist ein wichtiger Schritt in ein betrachtenderes Gebet – und in ein betrachtenderes Leben. Ein betrachtenderes Leben, das ist ein Leben im Bewußtsein der Gegenwart Gottes in und um uns. Es ist ein Leben, das uns wiederum direkt in ein betrachtenderes Gebet führen wird.

Ich hoffe und bete, daß dieses Buch Ihnen eine Hilfe für Ihr Gebetsleben sein möge. Doch vergessen Sie nicht: Das wenige, aber wirklich Wichtige im Gebet ist die Liebe – Gottes Liebe für uns. Alles weitere ergibt sich dann von selbst.